高等职业院校教材

生物化学习题集与实训指导

主　编　欧卫华　聂　静

副主编　刘荣相

编　委（按姓名汉语拼音排序）

韩丹丹　刘荣相　聂　静　欧卫华

宋和兰　杨　欢　杨宏松

北京大学医学出版社

SHENGWU HUAXUE XITIJI YU SHIXUN ZHIDAO

图书在版编目（CIP）数据

生物化学习题集与实训指导 / 欧卫华，聂静主编．—北京：北京大学医学出版社，2016. 7（2020. 6 重印）

高等职业院校教材

ISBN 978-7-5659-1425-6

Ⅰ．①生… Ⅱ．①欧… ②唐… Ⅲ．①生物化学 - 高等职业教育 - 教学参考资料 Ⅳ．① Q5

中国版本图书馆 CIP 数据核字（2016）第 168737 号

生物化学习题集与实训指导

主　　编：欧卫华　聂　静

出版发行：北京大学医学出版社

地　　址：（100191）北京市海淀区学院路 38 号　北京大学医学部院内

电　　话：发行部 010-82802230；图书邮购 010-82802495

网　　址：http：//www.pumpress.com.cn

E-mail：booksale@bjmu.edu.cn

印　　刷：北京瑞达方舟印务有限公司

经　　销：新华书店

责任编辑：韩忠刚　王孟通　**责任校对**：金彤文　**责任印制**：罗德刚

开　　本：787 mm × 1092 mm　1/16　**印张**：8.25　**字数**：204 千字

版　　次：2016 年 7 月第 1 版　2020 年 6 月第 3 次印刷

书　　号：ISBN 978-7-5659-1425-6

定　　价：17.00 元

前　　言

生物化学既是一门重要的医学基础课程，又是实践性较强的学科，其理论的形成和发展几乎都以实验技术为基础。为适应医学高职高专临床、护理、药学、检验、口腔医学等专业教育教学和课程体系改革，培养高素质、高技能型卫生人才，我们组织编写了《生物化学习题集与实训指导》。本书可作为医学类高职高专生物化学学习辅导和实训教材用书。

《生物化学习题集与实训指导》由两部分组成，其中第一部分为习题，可供医学院校在校学生和参加国家执业助理医师、执业药师、护士执业资格考试的考生参考使用。共设置15个学习情境，每一学习情境包括学习内容、目标检测和参考答案。学习内容以图表形式进行归纳和总结。目标检测是为帮助学生巩固已学的理论知识，提高综合分析问题的能力。题型设计包括A型选择题、B型选择题、填空题、名词解释和问答题等考试常见题型，命题力求规范、指令明确。第二部分为实训指导，包括生物化学实训操作的基本知识和10个实训项目。每个实训项目包括：实训目的、实训原理、试剂、器材、操作步骤和分析思考题。每一个实训项目在相应的位置上都留有空格，用于学生记录实训结果，作答分析思考题及做出实训结论等。

在编写过程中，全体编写人员团结协作、尽责尽力，但由于水平有限，加之编写时间仓促，虽然经过数次修改，仍难免存在不妥甚至错漏之处，敬请同行专家、广大教师、学生和其他读者多提宝贵意见，以期日后改进与提高。

编者

2015年10月

目　　录

第一部分　习　题

第二部分 实训指导

第一部分　习　题

学习情境一　答题指南

《生物化学习题集与实训指导》的每一学习情境的目标检测部分，分为A型选择题、B型选择题、填空题、名词解释、问答题共五种类型的自我测试题型。在每一学习情境练习后附有参考答案以供参考。现将A、B型两种类型选择题的答题方法说明如下。

一、A型选择题

A型选择题又称最佳选择题。先提出问题（题干），继而列出5个备选答案：A、B、C、D、E。按题干要求在5个备选答案中选出一个最佳答案。例如：

1．分子病主要是蛋白质哪级结构异常引起的：(A)

A．一级结构　　B．二级结构

C．三级结构　　D．四级结构

E．空间结构

二、B型选择题

B型选择题又称配伍题。试题开头先列出A、B、C、D、E 5个备选答案。然后列出2个以上的试题（题干），从备选答案中给每一个试题选配一个最佳答案。例如：

A．夜盲症　　B．坏血病

C．脚气病　　D．巨幼红细胞性贫血

E．佝偻病

1．缺乏维生素A会引起：(A)

2．缺乏维生素B_{12}会引起：(D)

3．缺乏维生素D会引起：(E)

4．缺乏维生素B_1会引起：(C)

5．缺乏维生素C会引起：(B)

学习情境二 蛋白质的结构和功能

学习内容

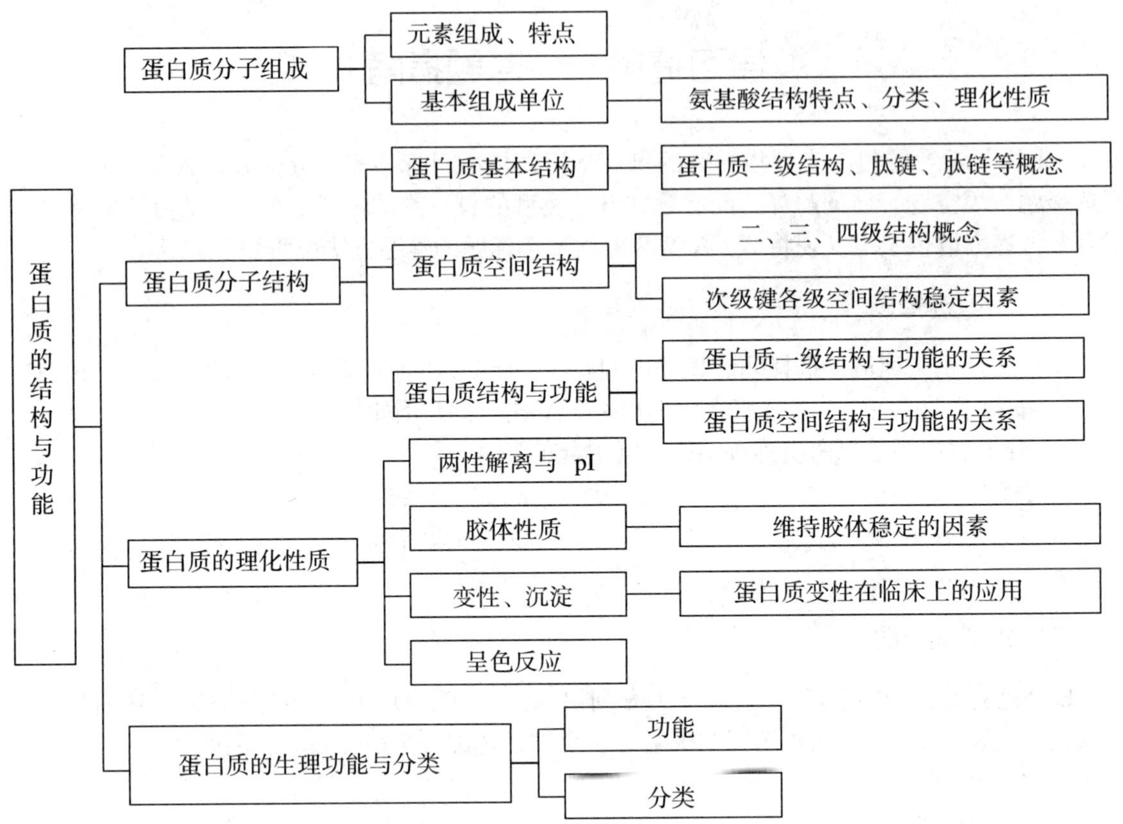

目标检测

一、选择题

【A 型题】

1．天然蛋白质中有遗传密码的氨基酸有

A．8 种　　B．61 种
C．12 种　　D．20 种
E．64 种

2．测定 100g 生物样品中氮含量是 2g，该样品蛋白质含量大约为

A．6.25%　　B．12.5%
C．1%　　D．2%
E．10%

3．蛋白质的基本组成单位是

A．肽键平面
B．核苷酸
C．肽
D．氨基酸
E．碱基

4．蛋白质分子中的肽键

A．是一个氨基酸的α- 氨基和另一个氨基酸的α- 羧基形成的
B．是由谷氨酸的γ- 羧基与另一个氨基酸的α- 氨基形成的
C．氨基酸的各种氨基和各种羧基均可形成肽键
D．是由赖氨酸的ε- 氨基与另一分子氨基酸的α- 羧基形成的
E．以上都不是

5．维持蛋白质分子一级结构的主要化学键是

A．盐键
B．氢键
C．疏水键
D．二硫键
E．肽键

6．变性后的蛋白质，其主要特点是

A．分子量降低
B．溶解度增加
C．一级结构破坏
D．不易被蛋白酶水解
E．生物学活性丧失

7．蛋白质紫外吸收的最大波长是

A．250nm
B．260nm
C．270nm
D．280nm
E．290nm

8．蛋白质的一级结构是指

A．氨基酸种类的数量
B．分子中的各种化学键
C．多肽链的形态和大小
D．氨基酸残基的排列顺序
E．分子中的共价键

9．下列哪种元素是蛋白质的特征元素

A．碳
B．氮
C．氧
D．氢
E．磷

10．在以下混合蛋白质溶液中，各种蛋白质的 pI 分别为 4.3、5.0、5.4、6.5、7.4，电泳时欲使其都泳向正极，缓冲溶液的 pH 值应该是

A．4.1
B．5.2
C．6.0
D．7.4
E．8.6

11．蛋白质的 pI 是指

A．蛋白质分子带正电荷时溶液的 pH 值
B．蛋白质分子带负电荷时溶液的 pH 值
C．蛋白质分子不带电荷时溶液的 pH 值
D．蛋白质分子净电荷为零时溶液的 pH 值

E．以上都不是

12．蛋白质在电场中移动的方向取决于

A．蛋白质的分子量和它的等电点

B．所在溶液的 pH 值和离子强度

C．蛋白质的等电点和所在溶液的 pH 值

D．蛋白质的分子量和所在溶液的 pH 值

E．蛋白质的等电点和所在溶液的离子强度

13．蛋白质中次级键不包括

A．疏水键　　B．肽键

C．离子键　　D．氢键

E．范德瓦尔斯力

14．蛋白质变性是由于

A．肽键断裂，一级结构遭到破坏　　B．蛋白质中的一些氨基酸残基受到修饰

C．蛋白质分子沉淀　　D．次级键断裂，天然构象解体

E．多肽链的净电荷等于零

15．分子病主要是哪种结构异常

A．一级结构　　B．二级结构

C．三级结构　　D．四级结构

E．空间结构

16．蛋白质溶液的稳定因素是

A．蛋白质溶液的黏度大　　B．蛋白质分子表面的疏水基团相互排斥

C．蛋白质分子表面电荷和水化膜　　D．蛋白质胶粒表面不带有电荷

E．以上都不是

17．盐析法沉淀蛋白质的原理是

A．中和电荷，破坏水化膜　　B．盐与蛋白质结合成不溶性蛋白盐

C．降低蛋白质溶液的介电常数　　D．调节蛋白质溶液的等电点

E．以上都不是

18．蛋白质水化膜破坏时出现

A．构象改变　　B．亚基聚合

C．肽键断裂

D．二硫键形成　　E．蛋白质聚集

19．从组织提取液中沉淀活性蛋白质而又不使其变性的方法是加入

A．硫酸铵　　B．三氯醋酸

C．氯化汞　　D．钨酸

E．1mol/L 盐酸

20．在 pH 值 8.6 条件下进行血清蛋白质纸上电泳时，下列哪个组分移动得最快？

A．γ- 球蛋白　　B．β- 球蛋白

C．α_1- 球蛋白　　D．α_2- 球蛋白

E．清蛋白

【B 型题】

A．亚基解聚　　　　　　　　B．蛋白质等电点
C．蛋白质凝固　　　　　　　D．蛋白质电泳
E．蛋白质胶体性质

1．蛋白质不能透过半透膜，属于
2．蛋白质在电场中移动的现象，称为
3．使蛋白质净电荷为零时的 pH 值，称为

A．蛋白质变性　　　　　　　B．蛋白质沉淀
C．蛋白质凝固　　　　　　　D．蛋白质复性
E．蛋白质显色

4．向蛋白质溶液中加入硫酸钠可引起
5．紫外线照射可使
6．调节蛋白质溶液的 pH 值，使其达到 pI，可引起
7．向蛋白质溶液中加入双缩脲试剂，可使
8．蛋白质轻度变性后，去除变性因素，可使

二、填空题

1．蛋白质的基本元素组成为__________、__________、__________、__________。

2．不同蛋白质的含__________量颇为接近，平均含量约为__________%。

3．蛋白质分子的基本组成单位是__________，共有__________种。

4．蛋白质具有两性电离性质，大多数在酸性溶液中带__________，在碱性溶液中带__________。当蛋白质处在某一 pH 值溶液中时，它所带的正负电荷数相等，此时的蛋白质成为__________离子，该溶液的 pH 值称为该蛋白质的__________。

5．蛋白质颗粒表面的__________和__________是蛋白质亲水胶体稳定的两个因素。

6．蛋白质在等电点时，以__________离子形式存在，净电荷为__________。

7．蛋白质变性主要是因为破坏了维持和稳定其空间构象的各种__________键，使天然蛋白质原有的__________与__________性质改变。

8．蛋白质和核酸对紫外光均有吸收，其中蛋白质的最大吸收波长是__________nm。

三、名词解释

1．蛋白质的等电点

2．蛋白质的变性

四、问答题

1. 组成蛋白质的元素有哪些？那种是其特征性元素？测其含量有何意义？

2. 试举一例说明蛋白质一级结构与功能的关系。

3. 何谓蛋白质的变性？蛋白质变性后有哪些改变？举例说明实际工作中应用和避免蛋白质变性的例子。

参考答案

一、选择题

【A型题】

1. D　2. B　3. D　4. A　5. E　6. E　7. D　8. D
9. B　10. E　11. D　12. C　13. B　14. D　15. A　16. C
17. A　18. E　19. A　20. E

【B型题】

1. E　2. D　3. B　4. B　5. A　6. B　7. E　8. D

二、填空题

1. C，H，O，N
2. 氮，16%
3. 氨基酸，20
4. 正电荷，负电荷，兼性，等电点
5. 水化膜，同种电荷

6．兼性，零
7．次级键，生物学功能丧失，理化
8．280

三、名词解释

1．蛋白质的等电点：使蛋白质解离成为兼性离子的溶液 pH 值。

2．蛋白质的变性：在某些理化因素作用下，蛋白质空间构象被破坏，从而导致其理化性质的改变和生物学活性的丧失。

四、问答题

1．组成蛋白质的元素有哪些？那种是其特征性元素？测其含量有何意义？

组成蛋白质的元素有碳、氢、氧、氮、硫，有些还含有磷、硒或金属元素等。特征性元素为氮。测氮含量的意义在于可推算出生物样品中蛋白质的大约含量，因为蛋白质的含氮量十分接近，平均约为 16%，且动植物组织内的含氮物质以蛋白质为主。

2．试举一例说明蛋白质一级结构与功能的关系。

蛋白质的一级结构是最基本的结构，它决定了蛋白质的空间结构。如镰刀状红细胞贫血就是因为血红蛋白 β 链第六位上谷氨酸被缬氨酸取代，引起血红蛋白携氧能力降低，红细胞成镰刀状，弹性降低，在通过毛细血管时易破裂，而发生溶血性贫血。

3．何谓蛋白质的变性？蛋白质变性后有哪些改变？举例说明实际工作中应用和避免蛋白质变性的例子。

在某些理化因素作用下，维持蛋白质空间结构的次级键断裂，空间结构破坏，丧失原有的理化性质和生物学功能。蛋白质变性后的改变主要有溶解度下降、扩散常数降低，溶液黏度增加、易被蛋白酶水解、生物学活性丧失。例如临床上进行肌内注射前，用 75% 乙醇消毒注射局部皮肤，就是利用 75% 乙醇能迅速进入细菌体内，使菌体蛋白质的空间结构破坏，发生变性作用，从而使之失去致病能力。再例如临床上使用的蛋白质类药物的保存，即是根据高温能使蛋白质变性，为防止蛋白质类制剂发生变性需低温保存。

学习情境三　核酸的结构与功能

学习内容

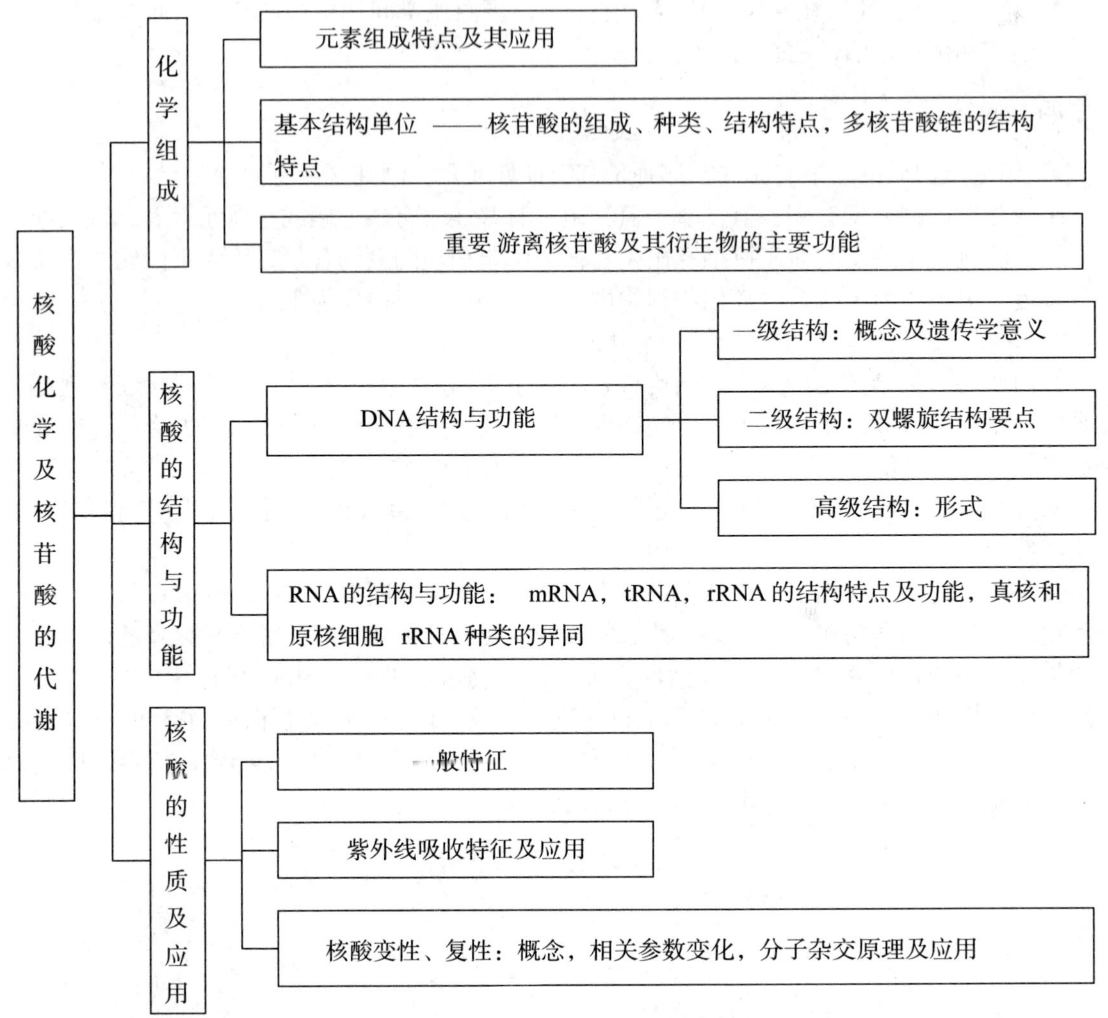

目标检测

一、选择题

【A型题】

1．DNA与RNA两类核酸分类的主要依据是

A．所含碱基不同　　B．所含戊糖不同

C．核苷酸之间连接方式不同　　D．空间结构不同

E．在细胞中存在的部位不同

2．RNA 和 DNA 彻底水解后的产物

A．磷酸、戊糖相同，嘌呤碱不同

B．磷酸、戊糖相同，嘧啶碱不同

C．磷酸、碱基相同，戊糖不同

D．磷酸相同，嘌呤碱与戊糖不同

E．磷酸相同，嘧啶碱与戊糖不同

3．下列哪种碱基只存在于 RNA 而不存在于 DNA 中

A．腺嘌呤

B．胞嘧啶

C．鸟嘌呤

D．尿嘧啶

E．胸腺嘧啶

4．维系 DNA 两条链形成双螺旋的化学键是

A．磷酸二酯键

B．N-C 糖苷键

C．戊糖内 C-C 键

D．碱基内 C-C 键

E．碱基间氢键

5．　稀有碱基主要存在于

A．rRNA

B．tRNA

C．冈崎片段

D．核 DNA

E．mRNA

6．核酸对紫外线的最大吸收在哪一波长附近

A．260nm　　B．320nm　　C．220nm　　D．280nm　　E．190nm

7．Watson-Crick 的 DNA 结构模型特点

A．是一个三链结构

B．双股链的走向是反向平行的

C．嘌呤和嘌呤配对，嘧啶和嘧啶配对

D．碱基之间共价结合

E．磷酸戊糖主链位于螺旋内测

8．关于 tRNA 的叙述正确的是

A．分子上的核苷酸序列全部是三联体密码

B．是核糖体组成的一部分

C．可贮存遗传信息

D．由稀有碱基构成发夹结构

E．二级结构为三叶草形

9．核酸的一级结构核苷酸的排列顺序实际是指的是

A．核酸分子中碱基的排列顺序

B．核酸分子中磷酸的排列顺序

C．核酸分子中核糖的排列顺序

D．核酸分子中氢键的排列顺序

E．密码子的排列顺序

10．核酸各基本组成单位之间的连接方式是

A．磷酸一酯键

B．磷酸二酯键

C．氢键

D．离子键

E．碱基堆积力

11．DNA 碱基配对主要靠

A．范德瓦尔斯力

B．疏水作用

C．共价键

D．离子键

E．氢键

12．DNA 变性的原因是

A．温度升高是唯一的原因　　B．磷酸二酯键断裂
C．多核甘酸链解聚　　D．碱基的甲基化修饰
E．互补碱基之间氢键断裂

13．在 DNA 双螺旋中，两链间碱基配对形成氢键，其配对关系是
A．T = A　C ≡ G　　B．G ≡ A　C ≡ T
C．U = A　C ≡ G　　D．U = T　T = A
E．C = U　G ≡ A

14．DNA 双螺旋结构模型每旋转一周的碱基对数是
A．8　B．9　C．10　D．11　E．12

15．下列有关 RNA 的叙述哪一项是不正确的
A．RNA 分子也有双螺旋结构　　B．tRNA 是分子量最小的 RNA
C．胸腺嘧啶是 RNA 的特有碱基　　D．rRNA 参与核蛋白体的组成
E．mRNA 是生物合成多肽链的直接模板

16．关于 tRNA 的描述哪一项是正确的
A．5′端是 -CCA　　B．tRNA 是由 103 个核苷酸组成
C．tRNA 的二级结构是二叶草型　　D．tRNA 富有稀有碱基和核苷
E．在其 DHU 环中有反密码子

17．有关真核生物 mRNA 的叙述哪一项是正确的
A．帽子结构是多聚腺苷酸　　B．mRNA 代谢较慢
C．mRNA 的前体是 snRNA　　D．3′端是 7- 甲基鸟苷三磷酸（m7-GPPP）
E．有帽子结构与多聚 A 尾

18．关于 T_m 值的说法哪一种是正确的
A．使 70% ～ 80% 的 DNA 变性时的温度
B．A_{260} 达到最大吸收值的 50% 时的温度　　C．DNA 被加热 70 ～ 85℃时的温度
D．DNA 变性时所含的 G、C 的浓度　　E．DNA 完全变性时的温度

19．可用于测定生物样品中核酸含量的元素是
A．碳　B．氢　C．氧　D．磷　E．氮

20．下列有关 DNA 二级结构的叙述哪一项是不正确的
A．双螺旋中的两条 DNA 链的方向相反
B．双螺旋以左手方式盘绕为主　　C．碱基 A 与 T 配对，C 与 G 配对
D．双螺旋的直径大约为 2nm　　E．双螺旋每周含有 10 对碱基

21．DNA 是
A．脱氧核糖核苷　　B．脱氧核糖核酸
C．核糖核酸　　D．脱氧核糖核苷酸
E．核糖核苷酸

22．RNA 是
A．脱氧核糖核苷　　B．脱氧核糖核酸
C．核糖核酸　　D．脱氧核糖核苷酸
E．核糖核苷酸

23. 组成核酸的基本结构单位是

A．碱基和核糖
B．核糖和磷酸
C．核苷酸
D．脱氧核苷和碱基
E．核苷和碱基

24. 下列哪一种核苷酸不是 RNA 的组分

A．TMP　B．CMP　C．GMP　D．UMP　E．AMP

25．DNA 和 RNA 共有的成分是

A．D- 核糖
B．D-2- 脱氧核糖
C．胸腺嘧啶
D．尿嘧啶
E．鸟嘌呤

26．某 DNA 分子含碱基对 1200 个，它的螺旋数是

A．360 个　B．240 个　C．120 个　D．50 个　E．30 个

27．细胞内含量最多的 RNA 为

A．snRNA
B．mRNA
C．tRNA
D．rRNA
E．hnRNA

28．核酸对紫外线的吸收是由哪一结构产生

A．磷酸二酯键
B．嘌呤、嘧啶环上的共轭双键
C．糖苷键
D．肽键
E．疏水键

29．核酸分子中储存、传递遗传信息的关键部分是

A．磷酸二酯键
B．核苷
C．磷酸戊糖
D．碱基序列
E．戊糖磷酸骨架

30．沃森与克里克在哪年创建了 DNA 双螺旋结构模型

A．1953 年
B．1962 年
C．1937 年
D．1868 年
E．1949 年

【B 型题】

A．核苷酸排列顺序
B．三叶草结构
C．双螺旋结构
D．超螺旋结构
E．核小体结构

1．核酸的一级结构是指
2．tRNA 二级结构是
3．DNA 二级结构是

A．氢键
B．磷酸二酯键
C．碱基堆积力
D．碱基中共轭双键
E．糖苷键

4．核苷酸之间的连接键是

5．碱基配对时形成的键是

6．对紫外线有较强吸收作用的键是

7．维持 DNA 双螺旋结构纵向稳定的是

A．DNA 的变性　　　　B．DNA 的复性

C．核酸分子杂交　　　　D．增色效应

E．解链温度

8．紫外吸收值达最大值的 50% 时的温度

9．DNA 双链解开成单链的过程

10．变性 DNA 对 260nm 紫外吸光度增加

二、填空题

1．核酸分为__________和__________两大类。

2．DNA 的一级结构是指 DNA 分子中__________的排列顺序。

3．RNA 分子两种常见的二级结构形式是__________和__________。

4．RNA 根据生物学功能的不同分为__________、__________和__________。

5．核酸的基本成分是__________、__________和__________。

6．监测 DNA 变性最常用的指标是在__________处吸光度的变化。

7．DNA 分子中碱基配对的规律是__________与__________，__________与__________分别通过__________个氢键和__________个氢键配对。

8．tRNA 的二级结构是__________。

9．DNA 分子是__________反向平行的围绕同一中心轴构成的双螺旋结构，一条链的走向是__________，另一条链的走向是__________。

10．DNA 双螺旋结构的横向稳定性靠碱基对之间的__________键维系，纵向稳定性则靠碱基平面间的__________维持。

11．mRNA 的是蛋白质合成的________，真核生物 mRNA 结构特点是 5′ 端有________帽，3′ 端有__________尾。

12．核酸的基本单位是__________，它们之间的连接键是__________。

三、名词解释

1．DNA 变性

2．T_m 值

四、问答题

1．叙述 DNA 双螺旋结构模式的要点。

2．试比较 RNA 与 DNA 分子组成及结构有何异同？

参考答案

一、选择题

【A 型题】

1．B　2．E　3．D　4．E　5．B　6．A　7．B　8．E
9．A　10．B　11．E　12．E　13．A　14．C　15．C　16．D
17．E　18．B　19．D　20．B　21．B　22．C　23．C　24．A
25．E　26．C　27．D　28．B　29．D　30．A

【B 型题】

1．A　2．B　3．C　4．B　5．A　6．D　7．C　8．E
9．A　10．D

二、填空题

1．DNA，RNA
2．核苷酸
3．茎环结构，发夹结构
4．mRNA，tRNA，rRNA
5．磷酸，戊糖，碱基
6．260nm
7．A，T，G，C，2，3
8．三叶草型
9．两条，多核苷酸链，$3' \rightarrow 5'$，$5' \rightarrow 3'$
10．氢键，碱基堆积力
11．直接模板、7- 甲基鸟苷三磷酸，多聚腺苷酸

12．核苷酸，3′，5′- 磷酸二酯键

三、名词解释

1．DNA 变性：在某些理化因素的作用下，DNA 双链中互补碱基间的氢键断裂，解开为单链的现象称为 DNA 变性。

2．T_m 值：在 DNA 加热变性的过程中，对 260nm 紫外吸收值达到最大值的 50% 时的温度称为解链温度或变性温度，简称 T_m 值。

四、问答题

1．叙述 DNA 双螺旋结构模式的要点。

DNA 双螺旋结构模型的要点是：

（1）DNA 是由两条反向平行的多聚脱氧核苷酸链围绕着同一个中心轴以右手螺旋方式盘旋成双螺旋结构。

（2）螺旋的直径为 2nm，碱基平面垂直于螺旋中轴，相邻碱基之间的堆砌距离为 0.34nm；两个核苷酸之间的夹角为 36°，故沿中心轴每旋转一周包含 10 个碱基对，每一螺距为 3.4nm。

（3）两条链由脱氧核糖和磷酸基通过 3′，5′ - 磷酸二酯键相连而形成，它们位于螺旋的外侧，嘌呤碱与嘧啶碱则位于螺旋内侧。脱氧核糖的平面与碱基平面近似直角。

（4）两条多聚脱氧核苷酸链通过碱基之间的氢键联系在一起。一条链的每一个碱基与另一条链处于同一平面的碱基通过氢键形成碱基对，即腺嘌呤与胸腺嘧啶配对，形成两条氢键（A=T）；鸟嘌呤与胞嘧啶配对，形成 3 条氢键（G ≡ C）。每一碱基对的两个碱基称为互补碱基，同一 DNA 分子的两条脱氧多核苷酸链称为互补链。

（5）碱基平面之间的碱基堆积力和碱基对之间的氢键共同维系着 DNA 双螺旋结构的稳定。

2．试比较 RNA 与 DNA 分了组成及结构有何异同？

RNA与DNA分子组成及结构异同

	RNA	DNA
分子组成		
磷酸	磷酸	磷酸
戊糖	核糖	脱氧核糖
碱基	A、G、C、U	A、G、C、T
基本单位	核苷酸	脱氧核苷酸
分子结构		
一级结构	核苷酸排列顺序	脱氧核苷酸排列顺序
连接键	3′，5′- 磷酸二酯键	3′，5′- 磷酸二酯键
二级结构	单链，茎环结构，发夹结构	双链，双螺旋结构

学习情境四 维 生 素

学 习 内 容

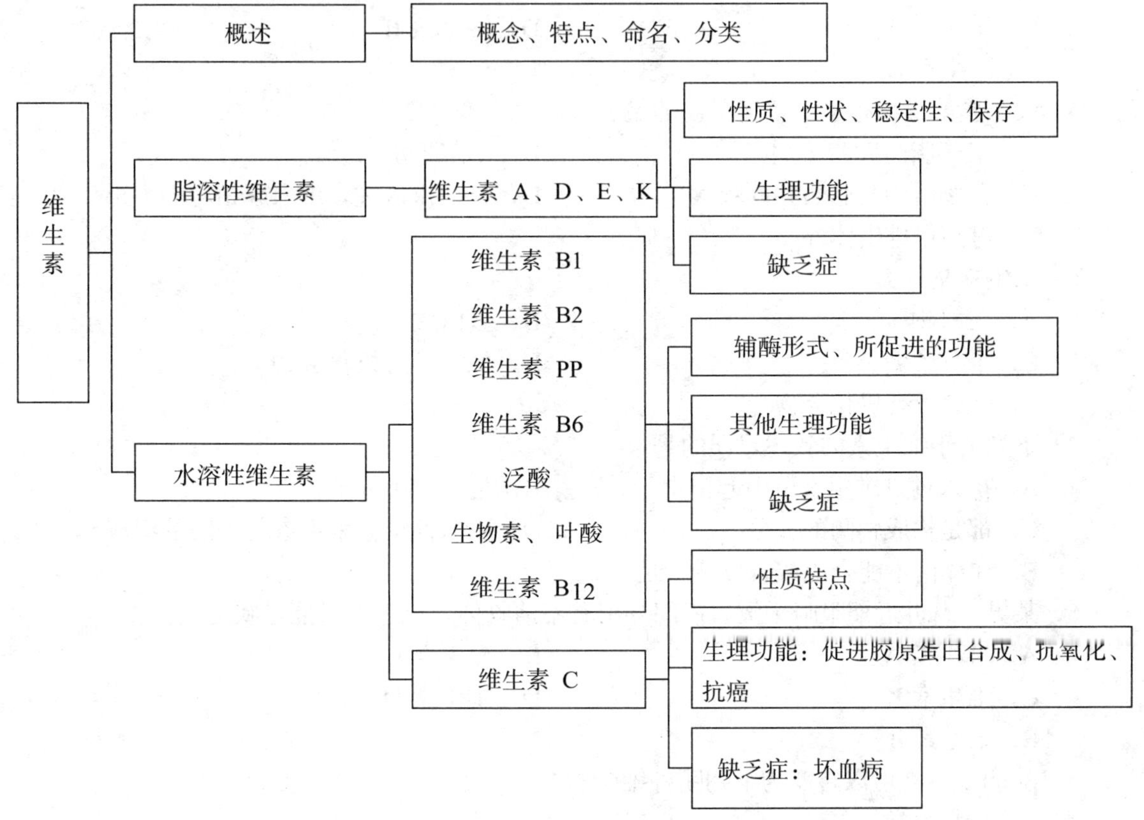

目 标 检 测

一、选择题

【A 型题】

1．人类维生素 D 的主要来源是

A．紫外线照射皮肤产生维生素 D_3　　B．猪肝提供维生素 D_3

C．蛋类提供维生素 D_3　　D．植物类提供维生素 D_3

E．以上都不是

2. 长期大量服用维生素 C 突然停药，可出现

A．皮肤角质化症　　B．过敏性休克

C．颅内压增高　　D．坏血病症状

E．咳嗽

3．临床治疗习惯性流产、先兆流产应选用

A．维生素 B_1
B．维生素 E
C．维生素 B_{12}
D．维生素 B_6
E．维生素 A

4．对钙磷代谢及小儿骨骼生长有重要影响的是

A．维生素 C
B．维生素 D
C．维生素 A
D．维生素 B_1
E．维生素 B_2

5．关于脂溶性维生素的描述错误的是

A．溶于脂肪和脂溶剂
B．不溶于水
C．在肠道中与脂肪共同吸收
D．长期摄入过多可引起相应的中毒症
E．可随尿排出体外

6．维生素是一类

A．无机物
B．蛋白质
C．小分子糖类
D．低分子有机化合物
E．高分子有机化合物

7．下列关于维生素的叙述错误的是

A．摄入过量维生素可引起中毒
B．是一类小分子有机化合物
C．都是构成辅酶的成分
D．脂溶性维生素不参与辅酶的组成
E．在体内不能合成或合成量不足

8．某男，自诉近期眼睛干涩，夜间外出看不清物体，该患者可能是缺乏

A．维生素 A
B．维生素 B_2
C．维生素 K
D．维生素 D
E．维生素 B_6

9．β- 胡萝卜素可以转变为下列哪种维生素

A．抗坏血酸
B．维生素 E
C．核黄素
D．维生素 A
E．维生素 D

10．维生素 D_3 的活性形式是

A．$1,24\text{-}(OH)_2\text{-}D_3$
B．$1,25\text{-}(OH)_2\text{-}D_3$
C．$24,25\text{-}(OH)_2\text{-}D_3$
D．$25\text{-}(OH)\text{-}D_3$
E．$24\text{-}(OH)\text{-}D_3$

11．维生素 D 的生化作用是

A．促进钙和磷的吸收
B．促进钙和磷的排泄
C．降低钙和磷的吸收
D．降低钙和磷的排泄
E．促进胃对钙和磷的吸收

12．经常吃猪肝主要补充的维生素是

A．维生素 C
B．维生素 A
C．维生素 B_6
D．维生素 B_{12}
E．维生素 D

13．缺乏维生素 K 时可引起
A．凝血时间缩短
B．凝血时间延长
C．凝血时间正常
D．凝血因子合成增加
E．凝血因子合成正常

14．哪种维生素是天然的抗氧化剂并常用作食品添加剂
A．维生素 B_6
B．维生素 E
C．维生素 A
D．维生素 C
E．维生素 B_{12}

15．脚气病是由下列哪种维生素缺乏引起的
A．叶酸
B．维生素 B_6
C．维生素 B_1
D．维生素 B_2
E．维生素 B_{12}

16．淘米过度可大量丢失的维生素是
A．维生素 B_6
B．维生素 B_1
C．维生素 B_2
D．维生素 B_{12}
E．维生素 A

17．长期服用异烟肼时，应注意补充下列哪种维生素
A．维生素 C
B．维生素 B_1
C．维生素 B_2
D．维生素 PP
E．维生素 D

18．临床上常用于治疗婴儿惊厥和妊娠呕吐的维生素是
A．维生素 PP
B．维生素 B_{12}
C．维生素 B_2
D．维生素 B_1
E．维生素 B_6

19．叶酸缺乏可导致哪种疾病
A．夜盲症
B．巨幼红细胞贫血
C．脚气病
D．癞皮病
E．佝偻病

20．含有金属元素的维生素是
A．维生素 B_1
B．维生素 B_2
C．维生素 B_{12}
D．泛酸
E．叶酸

【B 型题】

A．夜盲症
B．坏血病
C．脚气病
D．巨幼红细胞性贫血
E．佝偻病

1．缺乏维生素 A 会引起
2．缺乏维生素 B_{12} 会引起
3．缺乏维生素 D 会引起

4．缺乏维生素 B_1 会引起

5．缺乏维生素 C 会引起

A．维生素 A
B．维生素 D
C．维生素 E
D．维生素 K
E．维生素 C

6．与维持上皮组织健康和避免夜盲症有关的维生素是

7．需分别在肝和肾羟化后才转化为活性形式的维生素是

8．与血液凝固有关的维生素是

9．参与体内氧化还原反应，其缺乏时可导致坏血病的维生素是

10．具有抗氧化作用，用于美容和抗衰老的维生素是

二、填空题

1．维生素是维持机体正常代谢和健康所必需的一类化__________合物。

2．按照维生素的溶解性可将其分为__________和__________。

3．脂溶性维生素包括__________、__________、__________和__________。

4．储存于皮下的__________经紫外线照射转变为维生素 D_3，后者必须在肝、肾羟化生成__________才具有生理活性。

5．维生素 E 对__________极敏感，且易自身__________因而能保护其他物质免遭氧化，所以具有__________作用。

6．__________和__________是维生素 B_2 在体内的活性形式，它们是__________的辅基，参与氧化还原反应，起传递氢的作用。

7．唯一含有金属元素的维生素是__________。其必须在消化道与__________结合才能被吸收。

8．维生素 C 是__________的辅酶，参与体内多种物质的__________反应，具有促进__________合成的作用。当维生素 C 缺乏时，可发生__________。

三、名词解释

1．维生素

2．维生素缺乏症

四、问答题

1．夜盲症的发病机制是什么？

2．肺结核患者长期服用异烟肼（雷米封）易出现哪些维生素缺乏？为什么？

3．维生素 B_6 的生化作用有哪些？为什么它可用来治疗妊娠呕吐和小儿惊厥？

4．为什么维生素 B_1 缺乏会患脚气病？

参考答案

一、选择题

【A 型题】

1．A	2．D	3．B	4．B	5．E	6．D	7．C	8．A
9．D	10．B	11．A	12．B	13．B	14．B	15．C	16．B
17．D	18．E	19．B	20．C				

【B 型题】

1．A	2．D	3．E	4．C	5．B	6．A	7．B	8．D
9．E	10．C						

二、填空题

1．低分子有机

2．脂溶性维生素，水溶性维生素

3．维生素 A，D，E，K
4．7α- 脱氢胆固醇，1,25-$(OH)_2$-D_3
5．氧，氧化，抗氧化
6．FMN，FAD，黄素酶
7．维生素 B_{12}，内源因子
8．羟化酶，羟化，胶原，坏血病

三、名词解释

1．维生素：是维持正常生命活动所必需的一类低分子有机化合物，机体不能合成或合成量不足，必须由食物供给。

2．维生素缺乏症：维生素是机体代谢所必需的小分子有机化合物。多数不能在人体内合成或合成量不足，必须从食物中摄取。当维生素缺乏时，会引起机体代谢紊乱而产生一系列疾病，称为维生素缺乏症。

四、问答题

1．夜盲症的发病机制是什么？

夜盲症又称雀目。人类视觉细胞中的视杆细胞能感弱光，其感光物质是视紫红质，它由11- 顺视黄醛与视蛋白在暗处结合而成的一种络合物，弱光时可分解。当视紫红质感光时，11- 顺视黄醛异构为全反型视黄醛而与视蛋白分离而失色，从而引发神经冲动，传到大脑产生视觉。眼睛对弱光的感光性取决于视紫红质的浓度。当维生素 A 缺乏时，视紫红质合成受阻，视杆细胞对弱光的敏感度降低，在暗处不能辨别物体，当完全丧失暗适应能力时，成为夜盲症。

2．肺结核患者长期服用异烟肼（雷米封）易出现哪些维生素缺乏？为什么？

异烟肼（雷米封）与维生素 PP 结构相似，对维生素 PP 有拮抗作用。另外，该药物能和磷酸吡哆醛结合随尿排出，引起维生素 B_6 缺乏，因此，长期服用异烟肼的患者，应注意补充维生素 PP 和维生素 B_6。

3．维生素 B_6 的生化作用有哪些？为什么它可用来治疗妊娠呕吐和小儿惊厥？

（1）维生素 B_6 的活性形式是磷酸吡哆醛及磷酸吡哆胺。磷酸吡哆醛是转氨酶及氨基酸脱羧酶的辅酶，参与转氨基和脱羧基作用。磷酸吡哆醛还参与血红素的合成。缺乏维生素 B_6 时可出现低血色素小细胞性贫血和血清铁增高。

（2）磷酸吡哆醛是 L- 谷氨酸脱羧酶的辅酶，L- 谷氨酸在 L- 谷氨酸脱羧酶的催化下，脱羧生成 γ- 氨基丁酸，后者是一种抑制性神经递质，能降低神经肌肉的应激性。妊娠呕吐和小儿惊厥都是由于神经肌肉应激性异常增高所致，因此，维生素 B_6 可用于治疗妊娠呕吐和小儿惊厥。

4．为什么维生素 B_1 缺乏会患脚气病？

由于维生素 B_1 缺乏时，体内焦磷酸硫胺素含量减少，丙酮酸、α- 酮戊二酸氧化脱羧作用受阻，导致体内能量供应缺乏。尤其是神经细胞受到影响，并伴有丙酮酸、乳酸堆积而引起心脏和神经组织功能性障碍，称脚气病。

学习情境五　酶

学习内容

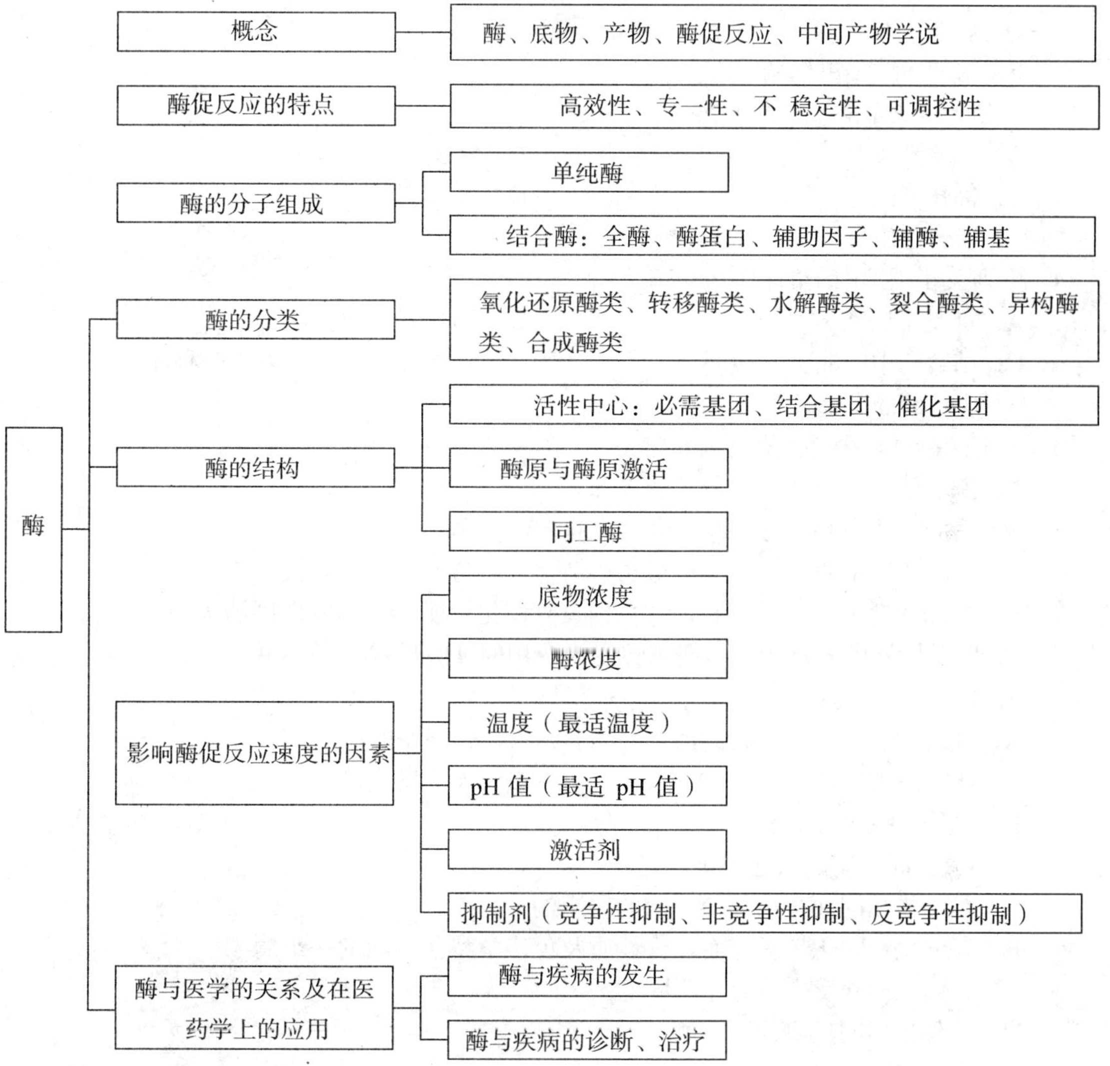

目标检测

一、选择题

【A 型题】

1．下列关于酶的叙述，正确的是

A．活化的酶均具有活性中心　　　　B．能提高反应体系的活化能

C．所有的酶都具有绝对特异性　　D．随反应进行酶量逐渐减少
E．所有的酶均具有辅酶或辅基

2．下列哪项不是酶的特点
A．极高的催化效率
B．高度专一性
C．酶可以改变反应的平衡点，从而加速化学反应速度
D．易受 pH 值、温度等外界因素的影响
E．酶的活性是可以调节的

3．酶分子中决定酶专一性的是
A．辅酶或辅基　　B．酶蛋白
C．催化基团　　D．金属离子
E．结合基团

4．下列关于辅助因子的叙述中正确的是
A．都是金属离子　　B．都是 B 族维生素
C．结合酶中的非蛋白质部分　　D．一种辅助因子可以与一种酶蛋白结合
E．决定酶的专一性

5．关于酶的活性中心叙述正确的是
A．酶的活性中心位于酶分子的内部
B．酶的活性中心不与底物结合，只起催化作用
C．酶的活性中心可特异性地与底物结合，但与催化功能无关
D．酶的活性中心既不与底物结合也没有催化功能，为反应提供场所
E．酶的活性中心直接参与底物转变为产物的反应过程

6．酶原激活的生理意义在于
A．加速酶蛋白与辅酶的激活　　B．提高酶的活性
C．使酶不被破坏　　D．加速反应进行
E．避免细胞的自身消化

7．下列关于同工酶的叙述正确的是
A．是结构相同而存在部位不同的一组酶
B．是催化相同化学反应而理化性质及免疫学特性不同的一组酶
C．是催化相同反应而分布不同的一组酶
D．是催化相同反应的所有酶
E．所有酶均有同工酶

8．多酶体系是指
A．某一细胞内所有的酶
B．某一生物体内所有的酶
C．胞液中所有的酶
D．某一代谢途径的反应中所包括的一系列酶
E．多个代谢途径酶的总和

9．酶的最适 pH 值是
A．酶的特征性常数　　B．酶促反应速度最大时的 pH 值

C．酶最稳定时的 pH 值　　D．与底物种类无关的参数
E．酶的等电点

10．温度对酶促反应速度的影响，下列哪项是正确的
A．酶的最适温度是酶的特征性常数
B．酶的最适温度与反应时间无关
C．延长反应时间，酶的最适温度升高
D．温度从 80℃增高到 90℃，酶促反应速度增加 1 ～ 2 倍
E．低温可降低酶的活性，但一般不使酶变性破坏

11．人体内大多数酶的最适 pH 值是
A．9.8　　B．6.0 ～ 8.0
C．1.8　　D．5.0
E．7.5 ～ 8.5

12．下列哪种金属离子是己糖激酶的必需激活剂
A．Na^{+}　　B．Ca^{2+}
C．Mg^{2+}　　D．Zn^{2+}
E．K^{+}

13．有机磷农药中毒是由于抑制了人体中哪种酶
A．酸性磷酸酶　　B．碱性磷酸酶
C．磷酸酯酶　　D．胆碱酯酶
E．胆固醇酯酶

14．胃蛋白酶的最适 pH 值是
A．1.8　　B．5.8
C．6.8　　D．7.8
E．9.8

15．有关竞争性抑制叙述正确的是
A．竞争性抑制剂的化学结构与酶的化学结构相似
B．对酶的抑制作用是不可逆的
C．抑制剂与酶以共价键结合
D．抑制剂与底物竞争性地与酶活性中心结合
E．竞争性抑制剂与酶结合后，底物仍能与酶的活性中心结合

16．酶加热变性后其活性丧失是由于
A．酶失去了辅酶　　B．酶蛋白沉淀析出
C．酶的一切结构受到破坏　　D．酶的空间结构受到破坏
E．酶失去了激活剂

17．酶催化效率高的原因是
A．降低反应活化能　　B．升高反应活化能
C．减少反应的自由能化　　D．降低底物的能量水平
E．升高产物的能量水平

18．影响酶促反应速度的因素不包括
A．底物浓度　　B．酶浓度

C．产物浓度　　D．反应温度、pH 值
E．激活剂、抑制剂

19．关于温度对酶促反应速度影响的错误描述是
A．温度高于 50 ～ 60 ℃，酶开始变性失活
B．温度对酶促反应速度呈现双重影响
C．高温可灭菌
D．低温使酶变性失活
E．低温可保存菌种

20．有机磷化合物对于胆碱酯酶的抑制属于
A．不可逆抑制　　B．可逆抑制
C．竞争性抑制　　D．非竞争性抑制
E．反竞争性抑制

21．磺胺药的抑菌作用属于
A．非竞争性抑制　　B．竞争性抑制
C．反竞争性抑制　　D．不可逆抑制
E．抑制强弱不取决于底物与抑制剂浓度的相对比例

22．酶分子中能使底物转变为产物的基团是
A．调节基团　　B．结合基团
C．催化基团　　D．亲水基团
E．酸性基团

23．酶活性是指
A．酶所催化反应　　B．无活性的酶转变成有活性的酶
C．酶与底物的结合力　　D．酶的催化能力
E．酶必需基团的解离

24．有关酶原激活的概念，正确的是
A．初分泌的酶原即有酶活性　　B．酶原转变为酶是可逆反应过程
C．无活性酶原转变为有活性酶　　D．酶原激活无重要生理意义
E．酶原激活是酶原蛋白质变性

25．有关结合酶概念正确的是
A．酶蛋白决定反应性质　　B．辅酶与酶蛋白结合才具有酶活性
C．辅酶决定酶的专一性　　D．酶与辅酶多以共价键结合
E．体内大多数脂溶性维生素转变为辅酶

26．磺胺药抑菌机制不正确的是
A．增加二氢叶酸合成酶活性
B．抑制细菌核酸合成
C．磺胺药与对氨基苯甲酸具有类似结构
D．磺胺药属酶的竞争性抑制剂
E．药物可致四氢叶酸合成障碍

【B 型题】

A．温度 30 ～ 40℃时　　B．温度 80℃以上时
C．温度 0 ～ 35℃时　　D．温度 0℃以下时
E．温度 60℃时

1．酶变性使酶失活的温度是
2．酶促反应随温度升高而加快的温度是
3．酶开始变性使反应速度减慢的温度是
4．酶促反应速度最快的温度是
5．酶活性降低，但不变性的温度是

A．组织器官受损或细胞膜通透性增加时
B．酶的合成障碍　　C．酶的排泄障碍
D．酶合成增加　　E．酶活性被抑制

6．急性传染性肝炎时，血清转氨酶升高是由于
7．急性胰腺炎时，尿中淀粉酶升高是由于
8．胆管阻塞时，血清碱性磷酸酶活性升高是由于

二、填空题

1．结合酶是由__________和__________组成，二者结合后形成的复合物称为全酶。
2．酶的专一性可分为__________专一性，__________专一性和立体异构专一性。
3．酶活性中心内的必需基团分为__________和__________。
4．酶原激活的实质是酶的活性中心__________的过程。
5．磺胺类药的结构与__________结构相似，二者竞争__________的活性中心。
6．Cl^- 是唾液淀粉酶的__________，Cu^{2+} 是唾液淀粉酶的__________。
7．重金属盐中毒是抑制了__________的活性。
8．乳酸脱氢酶有__________种同工酶；心肌炎时血浆__________升高，肝炎时血浆__________升高。
9．蚕豆病患者缺乏__________酶，白化病患者缺乏__________酶。
10．酶所催化的反应称为__________；被酶催化的物质称为__________；酶所具有的催化能力称为__________。

三、名词解释

1．酶

2．酶原

四、简答题

1．酶促反应有何特点？

2．说明温度对酶促反应的双重效应及其实际意义？

3．酶以酶原形式存在有何临床意义？

参考答案

、选择题

【A 型题】

1．A	2．C	3．B	4．C	5．E	6．E	7．B	8．D
9．B	10．E	11．B	12．C	13．D	14．A	15．D	16．D
17．A	18．C	19．D	20．A	21．B	22．C	23．D	24．C
25．B	26．A						

【B 型题】

1．B	2．C	3．E	4．A	5．D	6．A	7．A	8．C

二、填空题

1．酶蛋白，辅助因子

2．绝对，相对

3．结合基团，催化基团

4．形成或暴露

5．对氨基苯甲酸，二氢叶酸合成酶

6．激活剂，抑制剂

7．巯基酶

8．5，LDH_1，LDH_5

9．6- 磷酸葡萄糖脱氢酶，酪氨酸酶

10．酶促反应，底物，酶活性

三、名词解释

1．酶：由活细胞合成的具有催化功能的生物大分子（蛋白质或核酸）。

2．酶原：无活性的酶的前身物。

四、简答题

1．酶促反应有何特点？

高度的催化效率，高度的专一性，高度的不稳定性，酶活性的可调节性。

2．说明温度对酶促反应的双重效应及其实际意义？

酶是蛋白质，温度对酶促反应速度具有双重影响。升高温度一方面可加快酶促反应速度，但同时也增加酶变性的机会，又使酶促反应速度降低。温度升高到 60℃以上时，大多数酶开始变性；80℃时多数酶的变性不可逆。综合上述两种效应，酶促反应速度最快时的环境温度称为酶的最适温度，温度低于最适温度，反应速度随温度升高而加快，温度高于最适温度时，反应速度则因酶变性而降低。

实际意义：①低温保存菌种、低温麻醉；②高温消毒灭菌。

3．酶以酶原形式存在有何临床意义？

首先酶以酶原形式存在主要见于消化管的蛋白水解酶、血浆中有关凝血和纤维蛋白溶解的酶类等，它们只是在特定部位、环境和特定条件下才被激活表现出酶的活性。消化管内的蛋白酶以酶原形式分泌，避免了细胞的自身消化。血液中的凝血因子在血液中以酶原形式存在，对维持血液的流动性非常必要。

学习情境六　生物氧化

学习内容

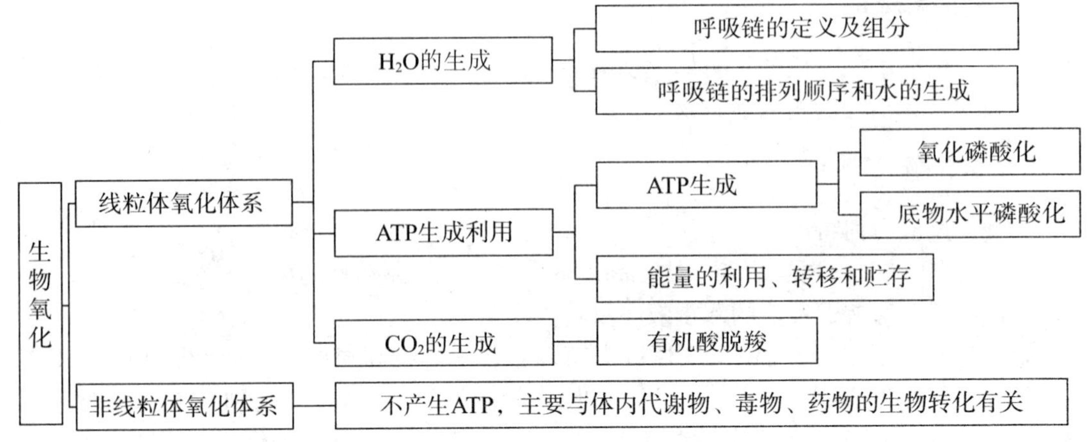

目标检测

一、选择题

【A 型题】

1．生物氧化是指

A．生物体内释出电子的反应

B．生物体内的脱氢反应

C．生物体内的加氢反应

D．生物体内物质氧化成 CO_2，H_2O 和能量的过程

E．生物体内碳和氧结合生成 CO_2 的过程

2．营养物质在体内氧化所释放能量主要储存在下列哪种高能化合物中

A．ATP　　B．CTP　　C．UTP　　D．GTP　　E．TTP

3．物质在体外燃烧和体内氧化叙述正确的是

A．都需要催化剂　　B．都是逐步释放能量

C．氧与碳直接化合成 CO_2　　D．生成的终产物基本相同

E．都需要在温和条件下进行

4．人体内 CO_2 生成的方式是

A．有机酸脱氢　　B．有机酸脱羧

C．有机酸羧化　　D．C 与 O_2 直接化合

E．CO 与 C 的结合

5．呼吸链存在于细胞的

A．细胞核中　B．细胞液中
C．滑面内质网上　D．高尔基复合体中
E．线粒体内膜上

6．细胞色素传递电子的功能与下列何种物质有关
A．K^+　B．Fe^{2+}
C．Mg^{2+}　D．Ca^{2+}
E．Na^+

7．生物氧化中大多数代谢物脱氢是以下列哪种物质为受氢体
A．Cyt　B．CoQ
C．FAD　D．NAD^+
E．FMN

8．下列哪种维生素参与呼吸链的组成
A．$VitB_1$　B．$VitB_6$
C．$VitB_2$　D．VitC
E．$VitB_{12}$

9．在线粒体呼吸链中，细胞色素各成分的正确排列顺序是
A．$b \rightarrow c \rightarrow c_1 \rightarrow aa_3 \rightarrow O_2$　B．$c \rightarrow c_1 \rightarrow aa_3 \rightarrow O_2$
C．$b \rightarrow c_1 \rightarrow c \rightarrow aa_3 \rightarrow O_2$　D．$c_1 \rightarrow c \rightarrow aa_3 \rightarrow O_2$
E．$c \rightarrow b \rightarrow aa_3 \rightarrow O_2$

10．呼吸链中能将电子直接传递给氧的物质是
A．NAD^+　B．CoQ
C．FAD　D．FMN
E．$Cytaa_3$

11．2，4- 二硝基苯酚对氧化磷酸化的作用是
A．能解除氧化与磷酸化的偶联过程　B．可加速氧化磷酸化
C．能抑制细胞色素氧化酶　D．可阻止氢和电子的传递
E．能诱导细胞膜上 Na^+、K^+-ATP 酶的生成

12．CO 影响氧化磷酸化的机制在于
A．阻止电子在 Cytb 与 $Cytc_1$ 间的传递　B．阻止电子在 $Cytaa_3$ 与 O_2 间的传递
C．解偶联作用　D．促使 ATP 分解
E．抑制氢原子的传递

13．氧化磷酸化所进行的部位是
A．溶酶体　B．内质网
C．线粒体　D．细胞核
E．核糖体

14．氰化物对人体的毒害作用主要是由于
A．抑制磷酸化　B．解偶联作用
C．抑制脂肪酸氧化　D．抑制呼吸链传递电子
E．抑制糖氧化

15．肌肉中能量的主要储存形式是

A．ATP
B．CTP
C．GTP
D．UTP
E．磷酸肌酸

16．体内两条呼吸链分别以不同递氢体起始，最后将电子传递给氧，生成水。这两条呼吸链的交汇点是

A．Cytb
B．FAD
C．$Cytaa_3$
D．CoQ
E．FMN

17．体育运动消耗大量 ATP 时

A．ADP 减少，ATP/ADP 比值增大，呼吸加快
B．ADP 磷酸化，维持 ATP/ADP 比值不变
C．ADP 增加，ATP/ADP 比值下降，呼吸加快
D．ADP 减少，ATP/ADP 比值恢复
E．以上都不对

18．ATP 生成的主要方式是

A．糖的磷酸化
B．肌酸磷酸化
C．氧化磷酸化
D．底物水平磷酸化
E．有机酸脱羧

19．机体大多数生命活动的能量直接供应者是

A．UTP
B．ATP
C．GTP
D．葡萄糖
E．磷酸肌酸

20．调节氧化磷酸化的重要激素是

A．甲状旁腺素
B．肾上腺素
C．肾上腺皮质激素
D．生长激素
E．甲状腺素

21．甲状腺功能亢进（甲亢）患者甲状腺分泌增高，不会出现

A．ATP 合成增多
B．ATP 分解加快
C．耗氧量增多
D．呼吸加快
E．氧化磷酸化反应受抑制

【B 型题】

A．FAD
B．NAD^+
C．FMN
D．CoQ
E．Cyt

1．辅酶 I 是指
2．黄素单核苷酸的缩写符号是
3．细胞色素的缩写符号是
4．泛醌是指

A．物质在体内氧化过程减慢　　B．基础代谢率增高
C．细胞色素氧化酶被抑制　　D．电子传递速度减慢
E．氧化磷酸化解偶联

5．2,4- 二硝基苯酚的作用结果
6．甲亢会导致
7．CO 中毒会导致

二、填空题

1．人体内 ATP 的生成方式有两种，一种是__________，另一种是__________，其中以__________为主。

2．人体内重要的呼吸链有_________，_________。两条呼吸链的交汇点在_________，体内大多数代谢物脱下的氢进入__________呼吸链。

3．生物氧化的主要生理意义是为人体提供__________。

4．人体内 CO_2 的产生是来自于有机酸的__________反应。

5．细胞色素是__________传递体，在呼吸链中的排列是__________。

6．甲状腺激素能诱导细胞膜上________生成，使 ATP 分解________，ADP________，从而使氧化磷酸化速度__________。

7．__________是生物界普遍的直接供能物质，__________为肌肉及脑组织中能量的贮存形式。

三、名词解释

1．生物氧化

2．呼吸链

四、简答题

1．生物氧化有何特点？

2．生物氧化过程中 CO_2 和 H_2O 是怎样生成的？能量是如何释放及储存的？

参考答案

一、选择题

【A 型题】

1．D　2．A　3．D　4．B　5．E　6．B　7．D　8．C
9．C　10．E　11．A　12．B　13．C　14．D　15．E　16．D
17．C　18．C　19．B　20．E　21．E

【B 型题】

1．B　2．C　3．E　4．D　5．E　6．B　7．C

二、填空题

1．底物水平磷酸化，氧化磷酸化，氧化磷酸化

2．NADH 氧化呼吸链，琥珀酸氧化呼吸链，CoQ，NADH 氧化呼吸链

3．能量

4．脱羧

5．电子 Cyt b → $Cytc_1$ → Cytc → $Cytaa_3$

6．Na^+-K^+-ATP 酶，加快，增多，加快

7．ATP，磷酸肌酸

三、名词解释

1．生物氧化：糖、蛋白质、脂肪等营养物质在体内彻底分解为二氧化碳和水并释放能量的过程。

2．呼吸链：一系列递氢体和递电子体按一定顺序排列在线粒体内膜上，构成的与细胞利用氧密切相关的链式反应体系。

四、简答题

1．生物氧化有何特点？

生物氧化是在 pH 值接近中性、约 37℃的条件下进行的酶促反应；物质氧化主要以脱氢、脱电子的方式进行，脱下的氢经呼吸链氧化生成水；CO_2 来自于有机酸的脱羧；在氧化过程中逐步释放能量，其中一部分能量以化学能形式储存在高能化合物中。

2．生物氧化过程中 CO_2 和 H_2O 是怎样生成的？能量是如何释放及储存的？

生物氧化过程中 CO_2 来自于有机酸的脱羧，脱羧方式有 4 种：α- 单纯脱羧、β- 单纯脱羧、α- 氧化脱羧、β- 氧化脱羧。H_2O 来自代谢物脱氢氧化时所脱下的氢经呼吸链传递给氧生成的 H_2O。

物质氧化过程中能量是逐步释放的，所释放的能量约 40% 以化学能的形式储存在高能化合物的高能键中，即这种能量使 ADP 磷酸化生成 ATP。ATP 是体内能量的直接供应者，当机体需要时，ATP 水解成 ADP 再将能量释放出来，以满足各种生理活动。

学习情境七　糖 代 谢

学 习 内 容

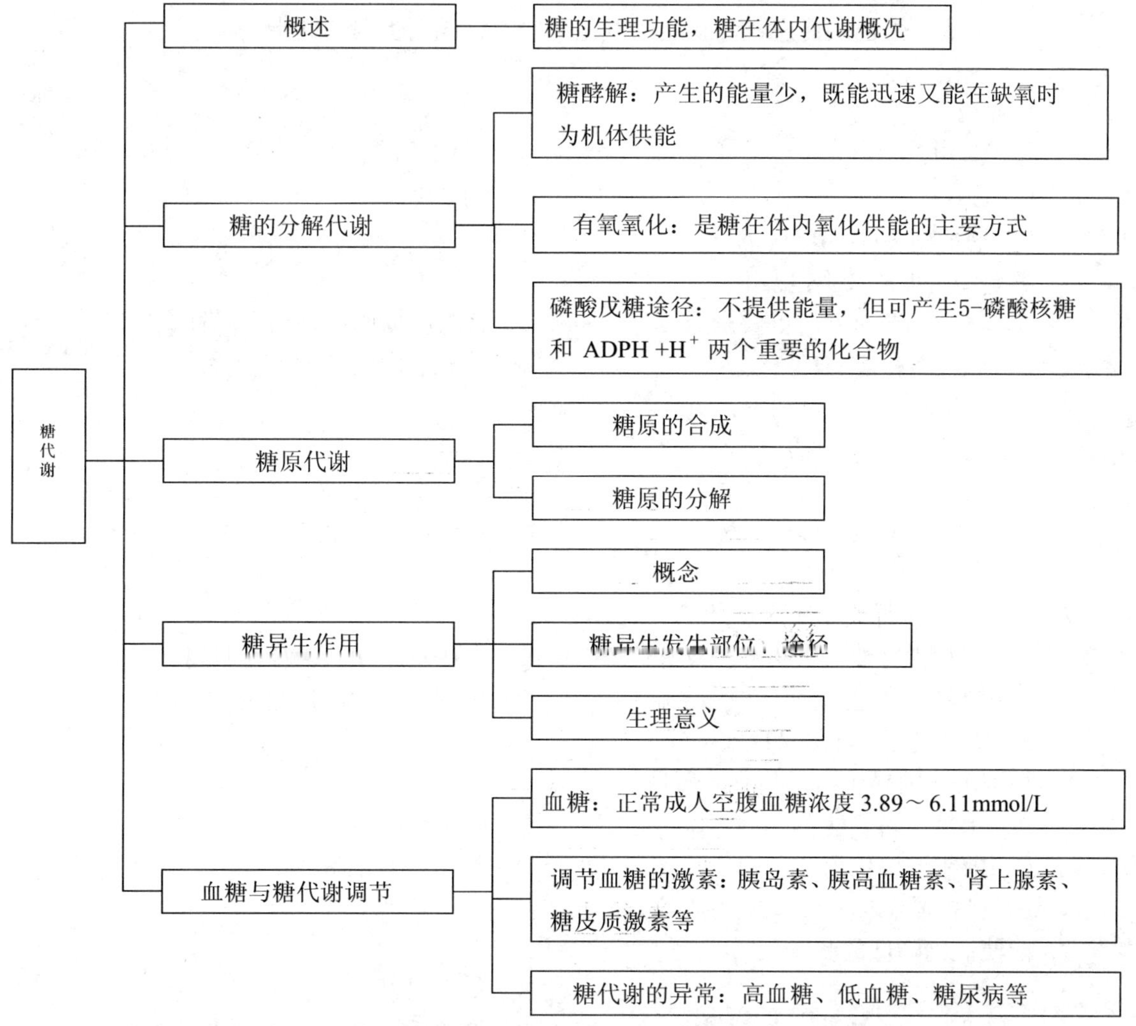

目 标 检 测

一、选择题

【A 型题】

1．下列哪个产能过程不在线粒体

A．三羧酸循环　　　　B．脂肪酸 β- 氧化

C．糖酵解　　　　D．电子传递

E．氧化磷酸化

2．糖酵解途径的关键酶是
A．葡萄糖激酶
B．磷酸果糖激酶
C．丙酮酸羧化酶
D．异柠檬酸脱氢酶
E．磷酸甘油酸激酶
3．体内的葡萄糖多用于
A．生成非必需氨基酸
B．生成脂肪
C．生成草酰乙酸促进代谢物质的氧化
D．合成糖蛋白和糖脂
E．氧化供能
4．糖原分解的产物是
A．UDPG
B．G-1-P
C．G-6-P
D．葡萄糖
E．葡萄糖 + G-1-P
5．糖异生生理意义不包括
A．作为补充血糖的重要来源
B．合成肝糖原或葡萄糖以补充血糖
C．产生 $NADH+H^+$
D．补充肌肉消耗的糖
E．通过对乳酸的再利用，防止乳酸中毒
6．糖酵解的特点不包括
A．不需氧
B．终产物是乳酸
C．反应在胞质内进行
D．可经底物水平磷酸化产生 ATP
E．全部反应是可逆的
7．下列有关糖异生的正确叙述是
A．原料为甘油、脂肪酸、氨基酸等
B．主要发生在肝、肾、肌肉
C．糖酵解的逆过程
D．不利于乳酸的再利用
E．需要克服 3 个障碍
8．糖酵解与糖异生途径共有的酶是
A．果糖二磷酸酶
B．丙酮酸激酶
C．丙酮酸羧化酶
D．3- 磷酸甘油醛脱氢酶
E．己糖激酶
9．能使血糖降低的激素是
A．胰岛素
B．肾上腺素
C．胰高血糖素
D．糖皮质激素
E．甲状腺激素
10．三羧酸循环在细胞的哪一部位进行
A．细胞核
B．胞液
C．微粒体
D．线粒体
E．高尔基体
11．肌糖原不能直接补充血糖的原因是
A．肌肉组织是储存葡萄糖的器官
B．肌肉组织缺乏葡萄糖激酶
C．肌肉组织缺乏葡萄糖 -6- 磷酸酶
D．肌肉组织缺乏磷酸酶
E．肌糖原分解的产物是乳酸

12．下列为血糖的主要去路，例外的是
A．在细胞内氧化分解供能
B．转变成非必需氨基酸、三酰甘油等非糖物质
C．转变成糖皮质激素
D．转变成其他单糖及衍生物
E．在肝、肌肉等组织中合成糖原

13．食物中的糖主要是
A．葡萄糖
B．淀粉
C．麦芽糖
D．乳糖
E．蔗糖

14．糖在体内的主要生理功能是
A．构成糖蛋白
B．氧化供能
C．构成蛋白多糖
D．构成糖脂
E．构成磷脂

15．糖酵解的终产物是
A．乳酸
B．水和二氧化碳
C．乙酰 CoA
D．丙酮酸
E．草酰乙酸

16．生理条件下完全依靠糖酵解获能的组织是
A．肾
B．肝
C．成熟红细胞
D．皮肤
E．视网膜

17．葡萄糖在体内产能最多的途径是
A．糖酵解
B．糖的有氧氧化
C．磷酸戊糖途径
D．糖异生
E．糖原合成

18．糖酵解的细胞定位是
A．胞质
B．线粒体
C．内质网
D．核糖体
E．线粒体与胞质

19．糖有氧氧化的终产物是
A．ATP
B．CO_2、H_2O 及 ATP
C．CO_2
D．H_2O
E．乳酸

20．正常人空腹血糖水平是
A．3.89 ～ 6.11mmol/L
B．3.33 ～ 4.43mmol/L
C．3.89 ～ 6.11mol/L
D．5.61 ～ 7.11mmol/L
E．5.11 ～ 6.11mmol/L

21．血糖主要指血液中所含的
A．果糖
B．乳糖

C．核糖 D．葡萄糖
E．甘露糖
22．三羧酸循环中有几次脱氢反应
A．2次 B．3次
C．4次 D．6次
E．8次
23．体内NADPH值主要来源于
A．糖酵解 B．糖的有氧氧化
C．磷酸戊糖途径 D．糖异生
E．糖原分解
24．调节血糖浓度相对恒定的最主要器官是
A．肾 B．肝
C．脾 D．肌肉
E．脂肪组织
25．GSH含量不足引起的溶血是因为缺乏
A．6-磷酸葡萄糖脱氢酶 B．果糖激酶
C．葡萄糖激酶 D．己糖激酶
E．葡萄糖-6-磷酸酶
26．糖在体内的储存形式是
A．核糖 B．葡萄糖
C．糖原 D．蔗糖
E．磷酸丙糖
27．磷酸戊糖途径的重要生理功能是生成
A．6-磷酸葡萄糖和$NADH+H^+$ B．5-磷酸核糖和$NADPH+H^+$
C．磷酸核糖和$FADH_2$ D．3-磷酸甘油醛和$NADH+H^+$
E．6-磷酸葡萄糖酸和$FADH_2$
28．蚕豆病患者体内缺乏
A．磷酸戊糖异构酶 B．内酯酶
C．转酮基酶 D．丙酮酸激酶
E．6-磷酸葡萄糖脱氢酶
29．不能补充血糖的代谢过程是
A．肝糖原分解 B．肌糖原分解
C．食物糖类的消化吸收 D．糖异生作用
E．肾小管对原尿中糖的重吸收

【B型题】

A．饥饿时 B．饱食后
C．糖尿病 D．肝性脑病
E．缺氧
1．糖原合成酶活性提高

2．丙酮酸羧化支路酶活性明显升高
3．糖酵解过程增强

A．糖异生　　B．糖原的合成
C．糖酵解　　D．糖原的分解
E．磷酸戊糖途径

4．葡萄糖或糖原在缺氧时生成乳酸的过程
5．提供 NADPH 和 5- 磷酸核糖
6．由非糖物质转变为糖的过程

A．葡萄糖　　B．核糖
C．糖原　　D．乳酸
E．淀粉

7．食物中糖主要是
8．葡萄糖在体内的储存形式是
9．能异生为糖的物质是
10．核酸分子中含有的糖是

二、填空题

1．糖异生作用的过程是________途径的逆过程，所谓 3 个“能障”是指由________、________和________3 个酶催化的反应。

2．体内糖的运输形式主要是________，储存形式是________。

3．成熟红细胞因没有________，不能进行有氧氧化，只能依靠________供能。

4．糖有氧氧化的细胞定位是________，其主要生理意义是________。

5．磷酸戊糖途径的生理意义是生成________和________。

6．肌肉中因缺乏葡萄糖 -6- 磷酸酶，故不能进行________和________两种糖代谢过程。

7．升高血糖的激素有________、________、________和________等。降低血糖的激素为________。

8．肌糖原不能直接补充血糖的原因是肌肉中缺乏________。

9．糖分解代谢的途径主要有________、________和________3 条，正常情况下大多数组织主要靠________途径来获得能量，缺氧情况下则主要靠________供能。

10．生理情况下，糖异生的主要器官是________，饥饿时________成为糖异生的重要器官。

11．在不进食的情况下，血糖主要来源是________和________。

12．糖异生的主要生理意义是在________或________状态下维持血糖浓度的相对恒定。

13．肝对血糖浓度的调节，主要是通过________、________和________3 条途径实现的。

三、名词解释

1．糖酵解

2．糖的有氧氧化

3．糖异生作用

四、简答题

1．何谓血糖？其来源及去路各是什么？

2．试从下列几个方面来比较糖酵解与糖的有氧氧化

（1）反应条件 （2）反应部位（亚细胞定位）（3）终产物 （4）产能数量（以 1mol 葡萄糖计算）（5）产能方式

3．为什么严重贫血患者可出现乳酸升高现象？当乳酸升高时，机体如何进行调节处理？

4．试以饱食与饥饿两种生理状况说明肝对血糖浓度的调节作用。

参考答案

一、选择题

【A 型题】

1．C　2．B　3．E　4．D　5．C　6．E　7．E　8．D
9．A　10．D　11．C　12．C　13．B　14．B　15．A　16．C
17．B　18．A　19．B　20．A　21．D　22．C　23．C　24．B
25．A　26．C　27．B　28．E　29．B

【B 型题】

1．B　2．A　3．E　4．C　5．E　6．A　7．E　8．C
9．D　10．B

二、填空题

1．糖酵解，己糖激酶，磷酸果糖激酶，丙酮酸激酶
2．葡萄糖，糖原
3．线粒体，糖酵解
4．胞质和线粒体，氧化供能
5．5- 磷酸核糖，NADPH + H^+
6．肌糖原分解，糖异生
7．胰高血糖素，肾上腺素，糖皮质激素，生长素，胰岛素
8．葡萄糖 -6- 磷酸酶
9．糖酵解，糖的有氧氧化，磷酸戊糖途径，糖的有氧氧化，糖酵解
10．肝，肾
11．肝糖原分解，糖异生
12．空腹，饥饿
13．肝糖原的合成，肝糖原的分解，糖异生

三、名词解释

1．糖酵解：在无氧或缺氧的情况下，葡萄糖或糖原分解为乳酸的过程。

2．糖的有氧氧化：在氧供应充足的条件下，葡萄糖或糖原彻底分解为二氧化碳和水并释放大量能量的过程。

3．糖异生作用：机体将非糖物质转变为葡萄糖或糖原的过程。

四、简答题

1．何谓血糖？其来源及去路各是什么？

血糖主要指血液中的葡萄糖，正常参考值为 3.89 ~ 6.11mmol/L。血糖来源主要有：①食物淀粉在消化道分解为葡萄糖被吸收补充血糖；②肝糖原分解成葡萄糖直接进入血液；③乳酸、甘油、生糖氨基酸等非糖物质经糖异生转变成糖。血糖的主要去路有：①葡萄糖进入组织氧化分解供能；②葡萄糖被肝、肌肉等组织摄取合成糖原；③葡萄糖被组织摄取可转变成其他糖类或是转变为脂肪等物质。

2．试从下列几个方面来比较糖酵解与糖的有氧氧化

（1）反应条件 （2）反应部位（亚细胞定位）（3）终产物 （4）产能数量（以1mol葡萄糖计算）（5）产能方式

糖酵解和糖有氧氧化的比较

比较项目	糖酵解	糖有氧氧化
反应条件	不需 O_2	需 O_2
反应部位	胞质	胞质、线粒体
终产物	乳酸	CO_2、H_2O
产能数量	少	多
产能方式	底物水平磷酸化	底物水平磷酸化 氧化磷酸化

3．为什么严重贫血患者可出现乳酸升高现象？当乳酸升高时，机体如何进行调节处理？

严重贫血患者血中血红蛋白含量降低或红细胞数目大量减少，运氧功能严重障碍，此时机体处于缺氧状态，组织细胞的供能方式发生变化，由正常情况下以有氧氧化为主变成以糖酵解为主，由于糖酵解作用加强，其终产物乳酸也就相应升高。

当乳酸升高时，可经血液运输至肝或肾，通过糖异生作用将乳酸转化为葡萄糖或糖原，以处理乳酸，调节其含量。若超过机体调节能力，则引起乳酸堆积，导致酸中毒。

4．试以饱食与饥饿两种生理状况说明肝对血糖浓度的调节作用。

肝是调节血糖浓度的重要器官，其调节作用主要通过糖原的合成与分解、糖异生作用来实现的。如：当饱食后，血糖会增高，此时，肝糖原合成大大增强，使血糖降至正常水平；而饥饿时，血糖浓度将降低，此时的肝糖原分解加强，肝糖原迅速分解成葡萄糖而释放入血，从而防止血糖降低，随着饥饿的加深，肝中糖异生作用逐渐加强，不断将非糖物质转化为葡萄糖，以补充血糖，使血糖维持在正常水平。

学习情境八 脂质代谢

学习内容

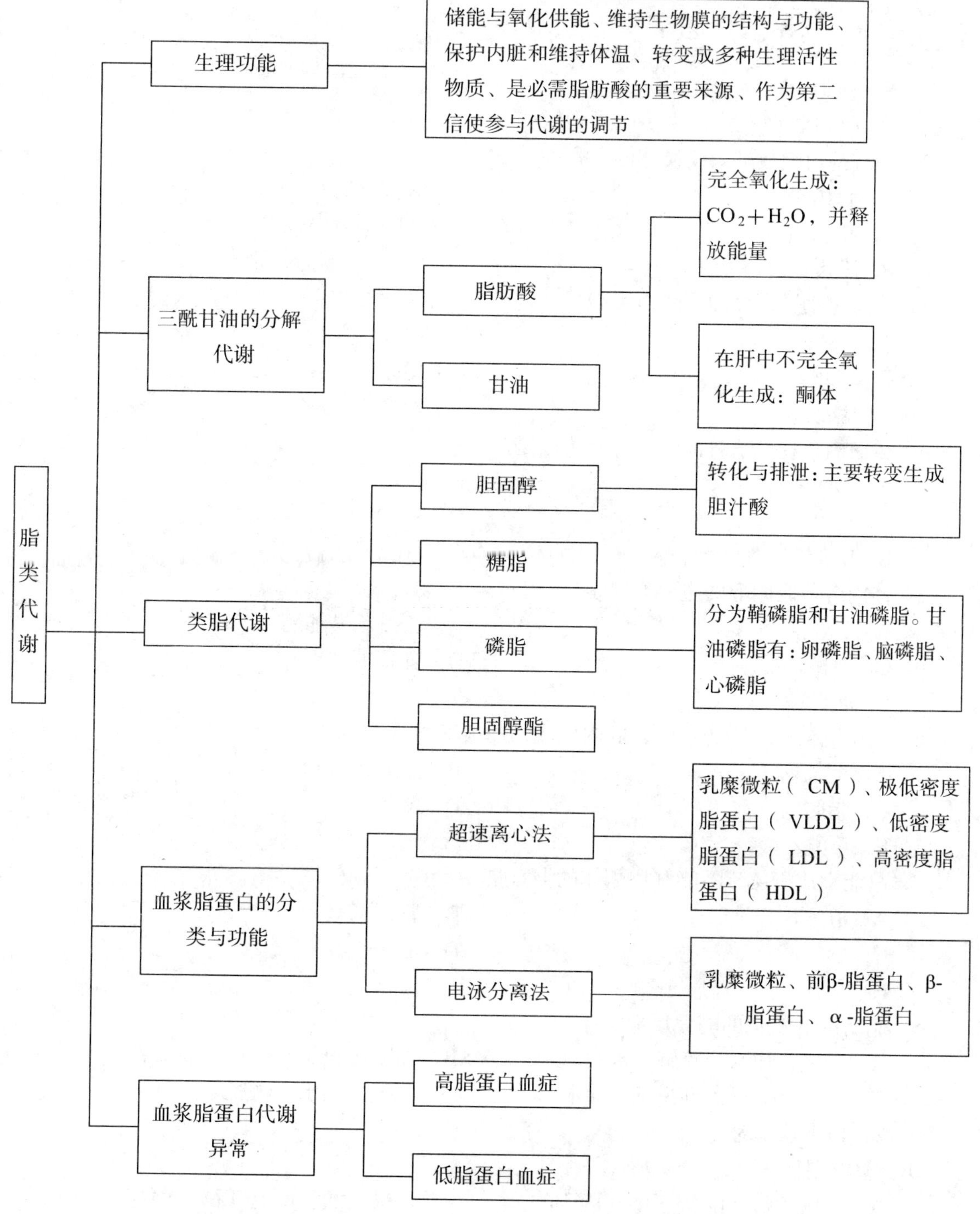

目 标 检 测

一、选择题

【A 型题】

1. 人体内氧化供能的主要脂质是
   A. 三酰甘油　B. 磷脂
   C. 糖脂　D. 胆固醇酯
   E. 胆固醇
2. 脂酰基由胞液进入线粒体的方式是
   A. 自由进入　B. 肉碱携带
   C. 特殊通道　D. 载脂蛋白携带
   E. 膜蛋白转运
3. 能防止动脉粥样硬化的血浆脂蛋白是
   A. CM　B. VLDL
   C. LDL　D. HDL
   E. IDL
4. 运输内源性三酰甘油的主要脂蛋白是
   A. CM　B. LDL
   C. HDL　D. VLDL
   E. IDL
5. 体内合成胆固醇的主要原料是
   A. 乙酰辅酶 A　B. 乙酰乙酰辅酶 A
   C. 草酰乙酸　D. 葡萄糖
   E. 胆汁酸
6. 人体饥饿时，脂肪水解，肝内生成的乙酰辅酶 A 主要生成
   A. 葡萄糖　B. 二氧化碳和水
   C. 脂肪　D. 酮体
   E. 草酰乙酸
7. 只能生成酮体，不能利用酮体的器官是
   A. 肝　B. 肾
   C. 脑　D. 心脏
   E. 小肠
8. 脂肪酸 β 氧化的酶促反应顺序为
   A. 脱氢、加水、硫解、再脱氢　B. 加水、脱氢、硫解、再脱氢
   C. 脱氢、硫解、再脱氢、加水　D. 脱氢、加水、再脱氢、硫解
   E. 以上均不对
9. 酮体包括
   A. 乙酰乙酸、β- 羟丁酸、丙酮酸　B. 乙酰乙酸、β- 羟丁酸、丙酮

C．草酰乙酸、β- 羟丁酸、丙酮酸　　D．乙酸、β- 羟丁酸、丙酮酸
E．乙酸、β- 羟丁酸、丙酮

10．长期饥饿，下列哪种物质在尿中含量增高
A．乳酸　　B．酮体
C．氨基酸　　D．丙酮酸
E．甘油

11．下列脂肪酸的 β- 氧化，叙述错误的是
A．不发生脱水反应　　B．酶系存在于线粒体内
C．需要 FAD 为受氢体　　D．每进行一次 β 氧化产生 2 分子乙酰 CoA
E．脂肪酸 β 氧化 4 步反应是不可逆的

12．胆固醇是下列哪一种化合物的前体
A．CoA　　B．泛醌
C．维生素 E　　D．维生素 D
E．维生素 A

13．胆固醇体内分布是
A．肝和肾等少数组织　　B．集中在脂肪组织
C．主要存在于脑和神经组织　　D．集中在内脏组织
E．广泛存在于各组织细胞

14．脂肪酸彻底氧化的产物是
A．乙酰 CoA　　B．脂酰 CoA
C．丙酰 CoA　　D．H_2O，CO_2 和释放出能量
E．乙酰 CoA 及 $FADH^2$，NAD^++H^+

15．下列属于必需脂肪酸的是
A．软脂酸　　B．亚麻酸
C．硬脂酸　　D．油酸
E．十二碳脂肪酸

16．胆固醇不能转变成
A．维生素 D_3　　B．雄激素
C．雌激素　　D．醛固酮
E．胆色素

17．空腹血脂通常指餐后多少小时的血浆脂质含量
A．6 ～ 8h　　B．8 ～ 10h
C．10 ～ 12h　　D．12 ～ 14h
E．16h 以后

18．下列哪种是抗脂解激素
A．肾上腺素　　B．去甲肾上腺素
C．胰高血糖素　　D．胰岛素
E．生长激素

19．长期饥饿时大脑的能量来源主要是
A．葡萄糖　　B．氨基酸

C．甘油
D．酮体
E．糖原

20．酮体生成过多主要见于
A．摄入脂肪过多
B．肝内脂肪代谢紊乱
C．脂肪转运障碍
D．糖供应不足或利用障碍
E．肝功能障碍

21．脂质在血浆中的运输形式是
A．三酰甘油
B．脂肪酸
C．脂蛋白
D．清蛋白
E．球蛋白

22．将胆固醇由肝外转运到肝内的脂蛋白是
A．CM
B．VLDL
C．LDL
D．HDL
E．IDL

23．胆固醇含量最高的脂蛋白是
A．CM
B．VLDL
C．LDL
D．HDL
E．IDL

24．激素敏感脂肪酶是指
A．一酰甘油脂肪酶
B．二酰甘油脂肪酶
C．三酰甘油脂肪酶
D．脂蛋白脂肪酶
E．组织脂肪酶

25．关于酮体代谢叙述不正确的是
A．肝不能氧化利用酮体
B．生成酮体是肝特有的功能
C．饥饿时酮体生成增多
D．糖尿病患者酮体生成可减少
E．脑不能氧化脂肪酸，但能利用酮体

26．下列哪种情况可导致脂肪肝的发生
A．高糖饮食
B．磷脂缺乏
C．胆碱缺乏
D．胰岛素分泌增加
E．肾上腺素分泌增加

27．胆固醇合成的主要部位是
A．肾
B．小肠
C．大肠
D．肝
E．肾上腺皮质

28．考来烯胺（消胆胺）降低血清胆固醇的作用是
A．抑制肠道对胆固醇的吸收
B．抑制肠道对胆汁酸的重吸收
C．抑制肠道胆固醇的合成
D．抑制肝胆固醇的合成
E．促进胆固醇的直接排泄

【B 型题】

A．酮体
B．胆固醇
C．磷脂
D．脂肪酸
E．甘油

1．能转化成胆汁酸的是
2．缺乏时可导致脂肪肝的是
3．可作为糖异生原料的是

A．CM
B．LDL
C．HDL
D．VLDL
E．IDL

4．将胆固醇由肝外转运到肝内的是
5．蛋白质含量最多的脂蛋白是
6．转运外源性三酰甘油的脂蛋白是

A．CM
B．VLDL
C．LDL
D．HDL
E．清蛋白

7．在血浆中转运自由脂肪酸的是
8．转运内源性三酰甘油的是
9．含胆固醇及其酯最多的是
10．只能在小肠黏膜细胞生成的是

二、填空题

1．常用的两种血浆脂蛋白分类方法是__________和__________。

2．脂肪动员是将脂肪细胞中的脂肪水解成__________和__________释放入血，运输到其他组织器官氧化利用。

3．脂肪酸生物合成的基本原料是__________和__________。

4．脂酰 CoA 的 β- 氧化是在细胞的__________中进行，4 步连续反应是__________、__________、__________和__________。

5．胆固醇合成的基本原料是__________和__________。

6．血浆脂蛋白按密度由小到大分为__________、__________、__________和__________。

7．脂酰 CoA 进入线粒体以__________作为载体。

三、名词解释

1．必需脂肪酸

2．酮体

四、问答题

1．试以脂类代谢及代谢紊乱的理论分析酮症、脂肪肝和动脉粥样硬化的成因。

2．什么是血浆脂蛋白，它们的来源及主要功能是什么？

参考答案

一、选择题

【A 型题】

1．A　2．B　3．D　4．D　5．A　6．D　7．A　8．D
9．B　10．B　11．D　12．D　13．C　14．D　15．B　16．E
17．D　18．D　19．D　20．D　21．C　22．D　23．C　24．C
25．D　26．B　27．D　28．D

【B 型题】

1．B　2．C　3．E　4．C　5．C　6．A　7．E　8．B
9．C　10．A

二、填空题

1．电泳法，超速离心法（密度分类法）
2．游离脂肪酸，甘油
3．乙酰辅酶 A，NADPH + H^+
4．线粒体基质，脱氢，加水，再脱氢，硫解
5．乙酰 CoA，NADPH + H^+。

6. 乳糜微粒（CM），极低密度脂蛋白（VLDL），低密度脂蛋白（LDL），高密度脂蛋白（HDL）

7. 肉碱

三、名词解释

1. 必需脂肪酸：机体必需但自身又不能合成或合成量不足、必须靠食物提供的脂肪酸称为必需脂肪酸，主要包括亚油酸、亚麻酸和花生四烯酸。

2. 酮体：是脂肪酸在肝不完全氧化的中间产物，包括乙酰乙酸、β- 羟基丁酸和丙酮。是肝输出脂肪酸类能源的一种方式。

四、问答题

1. 试以脂类代谢及代谢紊乱的理论分析酮症、脂肪肝和动脉粥样硬化的成因。

（1）酮症：在糖尿病或糖供应障碍等病理情况下，由于胰岛素分泌减少（或作用低下），而胰高血糖素、肾上腺素分泌↑→脂肪动员↑→脂肪酸在肝内分解↑→酮体生成↑，超过肝外组织对酮体的利用→产生酮症。

（2）脂肪肝：肝细胞内脂肪来源增多又不能及时转运出肝。原因有：①糖代谢障碍导致脂肪动员↑，进入肝内的脂肪酸↑，合成的脂肪↑；②肝细胞内用于合成脂蛋白的磷脂缺乏，使肝内合成的脂肪不能转运出肝而蓄积；③肝功能低下，合成磷脂、脂蛋白能力↓，导致肝内脂肪运出障碍。

（3）动脉粥样硬化：血浆中 LDL ↑或（和）HDL ↓，均可使血清胆固醇含量↑，胆固醇易沉积于动脉血管壁，使平滑肌细胞及胶原纤维增生，伴有坏死及钙化等不同程度病变，从而导致动脉粥样硬化。

2. 什么是血浆脂蛋白，它们的来源及主要功能是什么？

血浆脂蛋白是脂质与载脂蛋白结合形成的球形复合体，是血浆脂质的运输和代谢形式，主要包括 CM、VIDL、LDL 和 HDL 4 大类。CM 由小肠黏膜细胞合成，功能是运输外源性三酰甘油。VLDL 由肝细胞合成和分泌，功能是运输内源性三酰甘油。LDL 由 VLDL 在血浆中转化而来，功能是转运肝内胆固醇至肝外。HDL 主要由肝细胞合成和分泌，功能是逆向转运胆固醇。

学习情境九　氨基酸和核苷酸代谢

学习内容

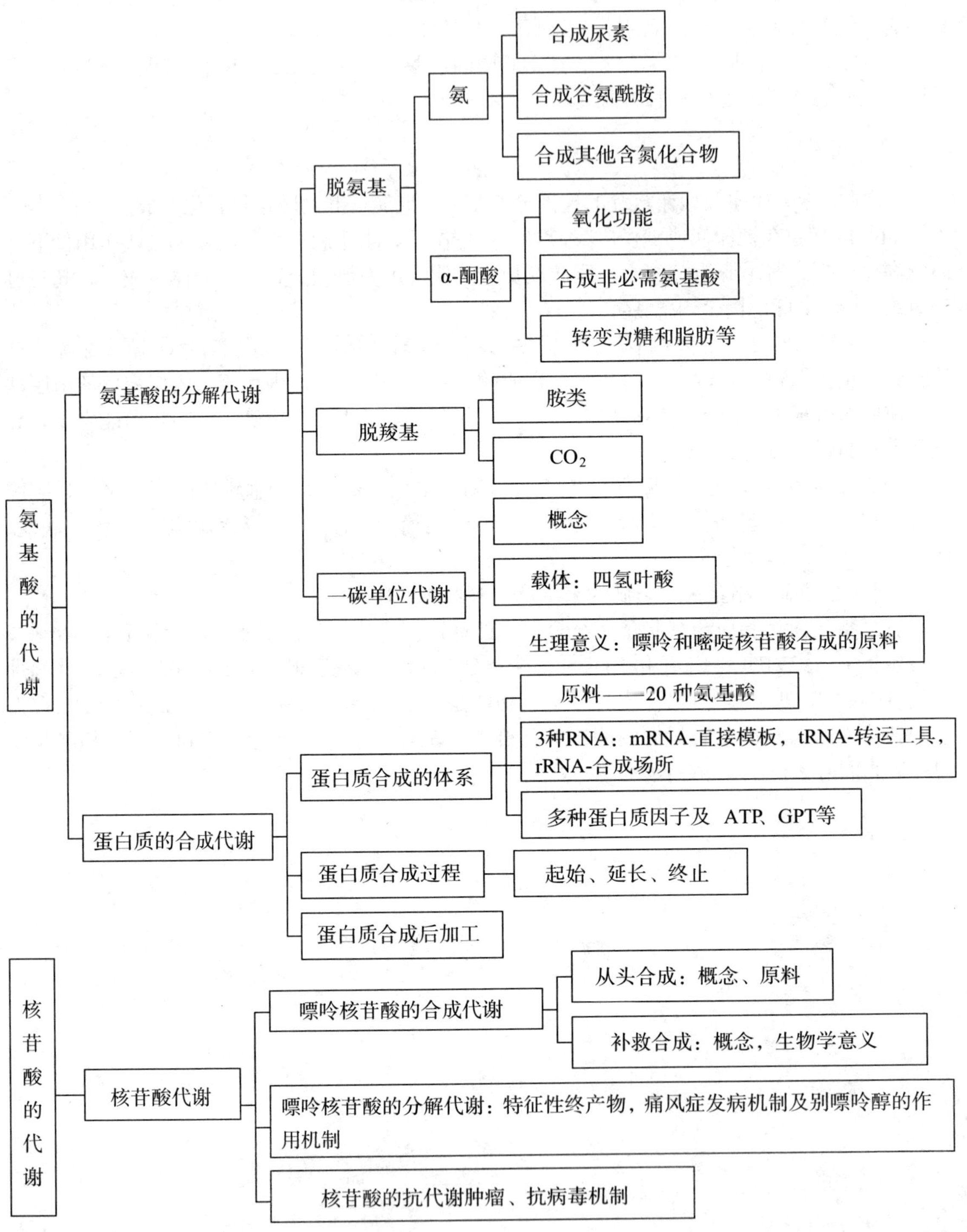

目 标 检 测

一、选择题

【A 型题】

1．肝硬化伴上消化道出血患者血氨升高，主要与哪项血氨来源途径有关

A．肠道蛋白质分解产氨增多
B．组织蛋白质分解产氨增多
C．肾产氨增多
D．肠道尿素产氨增多
E．肌肉产氨增多

2．肾产生的氨主要来自

A．氨基酸的联合脱氨基作用
B．谷氨酰胺的水解
C．尿素的水解
D．氨基酸的非氧化脱氨基作用
E．胺的氧化

3．体内转运一碳单位的载体是

A．叶酸
B．维生素 B
C．硫胺素
D．生物素
E．四氢叶酸

4．氨中毒的根本原因是

A．肠道吸收氨过量
B．氨基酸在体内分解代谢增强
C．肾衰竭排出障碍
D．肝功能损伤不能合成尿素
E．合成谷氨酰胺减少

5．体内氨基酸脱氨基的主要方式是

A．氧化脱氨基
B．还原脱氨基
C．直接脱氨基
D．转氨基
E．联合脱氨基

6．体内氨的最主要代谢去路是

A．合成非必需氨基酸
B．合成必需氨基酸
C．合成 NH_4^+ 随尿排出
D．合成尿素随尿排出
E．合成嘌呤、嘧啶等

7．ALT（GPT）活性最高的组织是

A．心肌
B．脑
C．骨骼肌
D．肝
E．肾

8．AST（GOT）活性最高的组织是

A．心肌
B．脑
C．骨骼肌
D．肝
E．肾

9．临床上对高血氨患者作结肠透析时常用

A．弱酸性透析液
B．弱碱性透析液

C．中性透析液　　D．强酸性透析液
E．强碱性透析液

10．蛋白质生理价值的高低主要取决于
A．氨基酸的种类及数量　　B．必需氨基酸的种类、数量及比例
C．必需氨基酸的种类　　D．必需氨基酸的数量
E．以上说法均不对

11．脱羧产生 γ- 氨基丁酸的氨基酸是
A．甘氨酸　　B．酪氨酸
C．半脱氨酸　　D．谷氨酰胺
E．谷氨酸

12．下列哪种物质是体内氨的储存及运输形式
A．谷氨酸　　B．酪氨酸
C．谷氨酰胺　　D．谷胱甘肽
E．天冬酰胺

13．白化病的根本原因之一是由于先天性缺乏
A．酪氨酸转氨酶　　B．苯丙氨酸羟化酶
C．酪氨酸酶　　D．尿黑酸氧化酶
E．对羟苯丙氨酸氧化酶

14．心肌和骨骼肌中最主要的脱氨基反应是
A．转氨基作用　　B．转氨与氧化脱氨的联合
C．嘌呤核苷酸循环　　D．氧化脱氨基作用
E．非氧化脱氨基作用

15．血清 AST 活性升高常见于
A．肝炎　　B．脑动脉栓塞
C．肾炎　　D．急性心肌梗死
E．胰腺炎

16．肝硬化患者血氨升高原因是
A．合成尿素能力降低　　B．组织蛋白质分解产氨增多
C．肾产氨增多　　D．肠道尿素产氨增多
E．肌肉产氨增多

17．脑组织处理氨的主要方式是
A．排出游离 NH_3　　B．生成谷氨酰胺
C．合成尿素　　D．生成胺盐
E．形成天冬酰胺

18．消耗性疾病的患者体内氮平衡状态是
A．摄入氮＜排出氮　　B．摄入氮＞排出氮
C．摄入氮≥排出氮　　D．摄入氮＝排出氮
E．以上都不是

19．人体内嘌呤核苷酸分解的终产物是
A．尿素　　B．肌酸

C．肌酸酐　　D．尿酸
E．β- 丙氨酸

20．下列哪个不是必需氨基酸
A．组氨酸　　B．蛋氨酸
C．亮氨酸　　D．色氨酸
E．苏氨酸

21．合成尿素的主要器官是
A．脑　　B．肌肉
C．肾　　D．肝
E．心

22．血氨增高导致肝性脑病的生化机制是
A．抑制脑中酶活性　　B．升高脑中 pH 值
C．大量消耗脑中 α- 酮戊二酸　　D．抑制呼吸链的电子传递
E．升高脑中尿素浓度

23．具有扩张血管，降低血压作用的是
A．多胺　　B．多巴
C．γ- 氨基丁酸　　D．5- 羟色胺
E．组胺

24．我国营养学会推荐成人每日蛋白质需要量为
A．20 g　　B．30 g
C．50 g　　D．60 g
E．80 g

25．下列哪种人群不可能出现正氮平衡
A．儿童　　B．孕妇
C．营养不良者　　D．疾病恢复期
E．哺乳期妇女

26．下列哪条途径是氨的运输途径
A．鸟氨酸循环　　B．γ- 谷氨酰基循环
C．丙氨酸 - 葡萄糖循环　　D．柠檬酸 - 丙酮酸循环
E．嘌呤核苷酸循环

【B 型题】

A．腺苷酸代琥珀酸　　B．精氨酸代琥珀酸
C．谷氨酰胺　　D．对羟苯丙酮酸
E．去甲肾上腺素

1．体内氨的储存和运输形式是
2．肌肉中氨基酸脱氨时可产生
3．属于儿茶酚胺类的是
4．鸟氨酸循环的中间产物是

A．γ- 谷氨酰基循环　　B．丙氨酸 - 葡萄糖循环
C．蛋氨酸循环　　D．鸟氨酸循环
E．嘌呤核苷酸循环

5．肌肉中氨的运输方式是
6．肌肉中氨基酸脱氨基的方式是
7．细胞中提供活性甲基的方式是
8．肝将氨合成尿素的途径是

A．杂氮丝氨酸　　B．5- 氟尿嘧啶
C．氨甲蝶呤　　D．6- 巯基嘌呤
E．别嘌呤醇

9．叶酸类似物是
10．氨基酸类似物是
11．嘧啶碱类似物是
12．用于痛风症治疗的是

二、填空题

1．氮平衡试验需测定__________氮和__________氮。人群中有 3 种情况，分别称作__________、__________和__________。

2．蛋白质的营养价值主要取决于必需氨基酸的__________、__________和__________。必需氨基酸有__________种，它们是__________、__________、__________、__________、__________、__________、__________、__________。

3．氨在血液中主要是以__________和__________的形式被运输。

4．合成尿素的原料是__________和__________，主要器官是__________，合成过程叫__________。

5．氨基酸脱氨基的方式主要有__________、__________和__________。其中最主要的是__________。

6．急性肝炎时，血清中__________（酶）活性明显升高；心肌梗死时血清中__________（酶）活性明显升高。

7．人体内嘌呤核苷酸分解代谢的最终产物是__________。

三、名词解释

1．必需氨基酸

2．氮平衡

3．高血氨症

四、问答题

1．为什么对高血氨患者禁用碱性肥皂水灌肠且不宜用碱性利尿剂？

2．用生物化学知识解释临床上对高血氨患者采用下列措施的机制。
①限制蛋白质摄入量；②用弱酸性溶液灌肠；③静脉滴注盐酸精氨酸；④给予肠道抗生素

参考答案

一、选择题

【A 型题】

1．D 2．B 3．E 4．D 5．E 6．D 7．D 8．A
9．A 10．B 11．E 12．C 13．C 14．C 15．D 16．A
17．B 18．A 19．D 20．A 21．D 22．C 23．E 24．E
25．C 26．C

【B 型题】

1．C 2．A 3．E 4．B 5．B 6．E 7．C 8．D
9．C 10．A 11．B 12．E

二、填空题

1．摄入，排出，氮的总平衡，氮的正平衡，氮的负平衡
2．含量，种类，比例，8，苏、赖、苯丙、蛋、缬、色、亮、异亮
3．谷氨酰胺，丙氨酸 - 葡萄糖循环
4．NH_3，CO_2，肝，鸟氨酸循环

5．转氨，氧化脱氨，联合脱氨，联合脱氨

6．ALT，AST

7．尿酸

三、名词解释

1．必需氨基酸：体内不能合成，需由食物供给的氨基酸。有 8 种：赖、色、苯丙、蛋、苏、缬、异亮、亮氨酸。

2．氮平衡：机体每日摄入的氮量与排泄的氮量之间的对比关系，称为氮平衡。

3．高血氨症：高血氨症，是指肝功能严重损伤或尿素合成相关酶的遗传性缺陷时，尿素合成发生障碍，导致血氨浓度升高。

四、问答题

1．为什么对高血氨患者禁用碱性肥皂水灌肠且不宜用碱性利尿剂？

蛋白质和氨基酸在肠道细菌的作用下产生氨，肠道尿素经细菌酶水解也产生氨。肠道内产生的氨主要在结肠吸收入血。NH_3 比 NH_4^+ 易于穿过细胞膜而被吸收。在碱性环境中，NH_4^+ 易于转变成 NH_3，因此肠道偏碱时，氨的吸收增强。临床上对高血氨患者采用酸性透析液作结肠透析，而禁止用碱性肥皂水灌肠。谷氨酰胺水解成谷氨酸和氨，这部分 NH_3 分泌到肾小管管腔中与尿中的 H^+ 结合成 NH_4^+，以铵盐的形式排出体外，这对调节机体的酸碱平衡起重要的作用。酸性利尿剂有利于肾小管中氨扩散入尿，而碱性利尿剂防碍肾小管细胞中的 NH_3 分泌，此时氨吸收入血，成为血氨的另外一个重要来源。由此，临床上对因肝硬化而产生腹水的患者，不宜用碱性利尿剂，以免血氨升高。

2．用生物化学知识解释临床上对高血氨患者采用下列措施的机制。

①限制蛋白质摄入量；②用弱酸性溶液灌肠；③静脉滴注盐酸精氨酸；④给予肠道抗生素

（1）限制蛋白质摄入量可以减少氨的产生，但过度限制会加重肝功能损害，增加死亡的危险。

（2）肠道氨的吸收与肠道 pH 值有关，NH_3 易吸收，NH_4^+ 难吸收，用弱酸性溶液灌肠，可降低肠道 pH 值，促进 NH_3 转变成 NH_4^+，从而减少肠道氨的吸收。目前临床上常用乳果糖降低肠道 pH 值，乳果糖口服后在结肠内被分解为乳酸和醋酸，不仅可降低结肠 pH 值，酸化肠道、还有渗透性腹泻作用，促进氨等毒性物质的排泄。

（3）静脉滴注盐酸精氨酸可促进鸟氨酸循环，将有毒的氨转变成无毒的尿素，从而降低血氨，由于鸟氨酸循环在肝进行，故严重肝功能障碍时精氨酸治疗效果并不明显。

（4）给予肠道不吸收或难以吸收的抗生素（如新霉素、利福昔明等）可抑制肠道菌群，减少肠道细菌对蛋白质的腐败作用，从而减少肠道氨的生成。

学习情境十　遗传信息的传递与表达

学 习 内 容

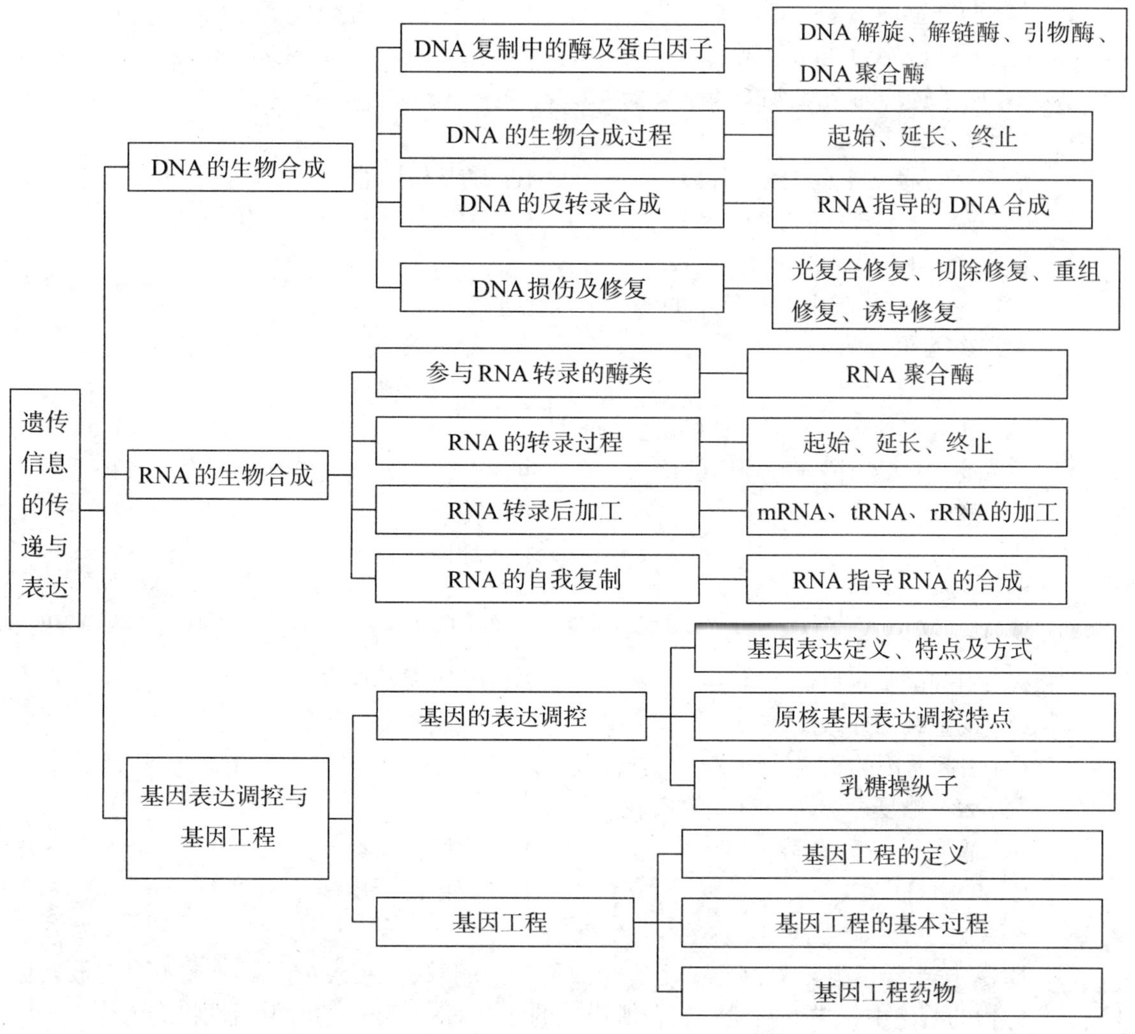

目 标 检 测

一、选择题

【A型题】

1．逆转录酶是一类

A．DNA指导的DNA聚合酶　　B．DNA指导的RNA聚合酶
C．RNA指导的转肽酶　　D．RNA指导的RNA聚合酶

E．RNA 指导的 DNA 聚合酶

2．DNA 复制时，不需要下列哪种酶

A．DDDP
B．DNA 连接酶
C．拓扑异构酶
D．限制性内切酶
E．DDRP

3．DNA 复制时，子链的合成是

A．两条链均为 3′ → 5′
B．两条链均为 5′ → 3′
C．两条链均为连续合成
D．两条链均为不连续合成
E．两条链均为 N 端到 C 端

4．冈崎片段是指

A．DNA 模板上的 DNA 片段
B．随从链上合成的 DNA 片段
C．前导链上合成的 DNA 片段
D．引物酶催化合成的 RNA 片段
E．随从链上合成的 RNA 片段

5．RNA 病毒的复制由下列酶中的哪一个催化进行

A．RNA 聚合酶
B．RNA 复制酶
C．DNA 聚合酶
D．反转录酶
E．RNA 转录酶

6．将病毒 RNA 的核苷酸顺序的信息，在宿主体内转变为脱氧核苷酸顺序的过程是

A．复制
B．转录
C．反转录
D．翻译
E．突变

7．紫外线对 DNA 的损伤主要是

A．引起碱基置换
B．导致碱基缺失
C．发生碱基插入
D．形成嘧啶二聚物
E．引起基因的重组

8．与 DNA 修复过程缺陷有关的疾病是

A．痛风
B．黄疸
C．卟啉病
D．着色性干皮病
E．维生素 A 缺乏病

9．DNA 按半保留方式复制。一个完全放射标记的双链 DNA 分子，放在不含有放射标记物的溶液中，进行两轮复制，所产生的 4 个 DNA 分子的放射活性将会怎样

A．半数分子没有放射性
B．半数分子的两条链均有放射性
C．所有分子均有放射性
D．一个分子的两条链均有放射性
E．所有分子均没有放射性

10．绝大多数真核生物 mRNA5′ 端有

A．帽子结构
B．PolyA
C．起始密码
D．终止密码
E．甲酰基团

11．催化聚合酶链反应的酶是

A．DNA 聚合酶
B．Taq DNA 聚合酶

C．RNA 聚合酶
D．末端转移酶
E．碱性磷酸酶

12．DNA 复制中的引物是
A．以 DNA 为模板合成的 DNA 片段
B．以 RNA 为模板合成的 DNA 片段
C．以 DNA 为模板合成的 RNA 片段
D．以 RNA 为模板合成的 RNA 片段
E．以 RNA 为模板翻译的氨基酸序列

13．真核生物 mRNA 生物合成的叙述正确的是
A．5′ 端加帽，3′ 端加 polyA 尾
B．与蛋白质结合形成核蛋白体
C．剪除外显子，连接内含子
D．3′ 端加 CCA 序列
E．三叶草型结构

14．合成 DNA 的原料是
A．dAMP、dGMP、dCMP、dTMP
B．dATP、dGTP、dCTP、dTTP
C．dADP、dGDP、dCDP、Dtdp
D．dATP、dGTP、dCTP、dUTP
E．ATP、GTP、CTP、TTP

15．将 DNA 核苷酸顺序的信息转变为氨基酸顺序的过程包括
A．复制及翻译
B．复制及反转录
C．反转录及翻译
D．翻译与翻译后加工
E．转录及翻译

16．氨基酸是通过下列哪种化学键与 tRNA 结合的
A．糖苷键
B．酯键
C．酰胺键
D．磷酸酯键
E．肽键

17．关于 DNA 聚合酶的叙述错误的是
A．需模板 DNA
B．需引物 RNA
C．延伸方向为 5′ → 3′
D．以 NTP 为原料
E．具有 3′ → 5′ 外切酶活性

18．蛋白质合成
A．由 mRNA 的 3′ 端向 5′ 端进行
B．DNA 聚合酶催化
C．由 C 端向 N 端进行
D．28S tRNA 指导
E．由 N 端向 C 端进行

19．蛋白质生物合成中多肽链的氨基酸排列顺序取决于
A．相应 tRNA 的核苷酸排列顺序
B．相应氨基酸 tRNA 合成酶的专一性
C．相应 tRNA 上的反密码子序列
D．相应 mRNA 中核苷酸排列顺序
E．相应 DNA 中核苷酸的排列顺序

20．哺乳动物细胞中蛋白质合成的主要部位是
A．细胞核
B．核仁
C．溶酶体
D．粗面内质网
E．线粒体

【B 型题】

A．点突变　　B．转位
C．插入　　D．缺失
E．交联

1．基因从原来的位置转到基因组另一位置叫做
2．外来 DNA 引起细胞生物学特性的改变叫做
3．镰刀形红细胞贫血叫做
4．紫外线对 DNA 的损伤叫做

A．帽子结构　　B．3 个核苷酸一组代表一种氨基酸
C．一种氨基酸可以有多个密码子　　D．poly U（多聚尿苷酸）
E．poly A（多聚腺苷酸）

5．真核 mRNA 的 5′ 端被修饰成
6．真核 mRNA 的 3′ 端被修饰成
7．mRNA 含有遗传密码是指
8．mRNA 的密码子有简并性是指

A．逆转录　　B．中心法则
C．复制　　D．翻译
E．转录

9．DNA 指导的 RNA 合成过程叫做
10．DNA 指导的 DNA 合成过程叫做
11．RNA 指导的 DNA 合成过程叫做
12．RNA 指导的多肽链合成合成过程叫做

二、填空题

1．蛋白质合成中的氨基酸搬运，是由__________酶催化生成__________。

2．在 DNA 复制中，__________可防止单链模板重新缔合和核酸酶的攻击。

3．遗传密码共有__________个，其中编码氨基酸的有__________个，其余不编码氨基酸的密码称为__________。

4．DNA 损伤修复机制分为 4 类：__________、__________、__________和__________。

5．DNA 复制时，连续合成的链称为__________链；不连续合成的链称为__________链。

6．mRNA 转录后剪接加工是除去__________，把邻近的__________连接起来。

7．DNA 中能指引转录生成 RNA 的一股链称__________，而另一股链称__________。

8．结构基因中具有表达活性的编码序列为__________；无表达活性，不能编码相应氨基酸的序列为__________。

9．DNA 合成时，先由引物酶合成__________，再由__________在其 3′端合成 DNA 链，然后由__________切除引物并填补空隙，最后由__________连接成完整的链。

10．DNA 合成的方向是__________，RNA 合成的方向是__________。

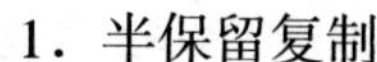

三、名词解释

1．半保留复制

2．分子病

3．基因表达

四、问答题

1．在蛋白质生物合成中，3 种 RNA 各起什么作用？

2．列表比较复制、转录过程的异同点。

参考答案

一、选择题

【A 型题】

1．E 2．D 3．B 4．B 5．D 6．C 7．D 8．D
9．A 10．A 11．B 12．C 13．A 14．B 15．E 16．B
17．D 18．E 19．D 20．D

【B 型题】

1．B 2．C 3．A 4．E 5．A 6．E 7．B 8．C
9．E 10．C 11．A 12．D

二、填空题

1．氨基酰 -tRNA 合成，氨基酰 -tRNA
2．SSB（单链结合蛋白）
3．64，61，终止密码子
4．光修复，切除修复，重组修复，SOS 修复
5．前导链，随从链
6．内含子，外显子
7．模板链，编码链
8．外显子，内含子
9．引物，DNA 聚合酶Ⅲ，DNA 聚合酶Ⅰ，连接酶
10．5′ → 3′，5′ → 3′

三、名词解释

1．半保留复制：以亲代 DNA 解开的两条链分别为模板各自合成一条互补的 DNA 链，这样新合成的子代 DNA 分子中一条链来自亲代 DNA，另一条链是新合成的，这种复制方式称为半保留复制。

2．分子病：由于基因突变导致蛋白质一级结构的改变，进而引起生物体某些结构和功能的异常，这种疾病称为分子病。

3．基因表达：基因表达就是指在一定调节因素的作用下，DNA 分子上特定的基因被激活并转录生成 RNA，或由此引起蛋白质合成的过程。

四、问答题

1．在蛋白质生物合成中，3 种 RNA 各起什么作用?

（1）mRNA———蛋白质生物合成的直接模板，以 mRNA 的碱基排列顺序决定了多肽链中氨基酸的排列顺序，mRNA 分子中，每相邻的 3 个核苷酸（碱基）组成一组三联体密码，决定一种氨基酸。

（2）tRNA———氨基酸的运载工具及蛋白质生物合成的适配器，tRNA 分子中有两个关键部位，一个是氨基酸结合部位；另一个是 mRNA 结合部位。

（3）rRNA ——蛋白质生物合成的场所的结构组成，核蛋白体又称核糖体，是由rRNA和蛋白质所组成的复合体。参与蛋白质生物合成的各种成分最终都要在核蛋白体上将氨基酸合成多肽链，所以，核蛋白体是蛋白质生物合成的场所。

2．列表比较复制、转录过程的异同点。

复制、转录过程的异同点

	复制	转录
原料	dNTP	NTP
主要酶和因子	DNA 聚合酶、拓扑异构酶、解链酶、引物酶、连接酶、单链结合蛋白（SSB）	RNA 聚合酶、ρ 因子
模板	DNA 两条链	DNA 一条链
链的延长方向	5′ 端→ 3′ 端	5′ 端→ 3′ 端
方式	半保留复制	不对称转录
配对（信息传递）	A—T；T—A G—C；C—G	A—U；T—A； G—C；C—G
产物	DNA	RNA

学习情境十一　血液生化

学习内容

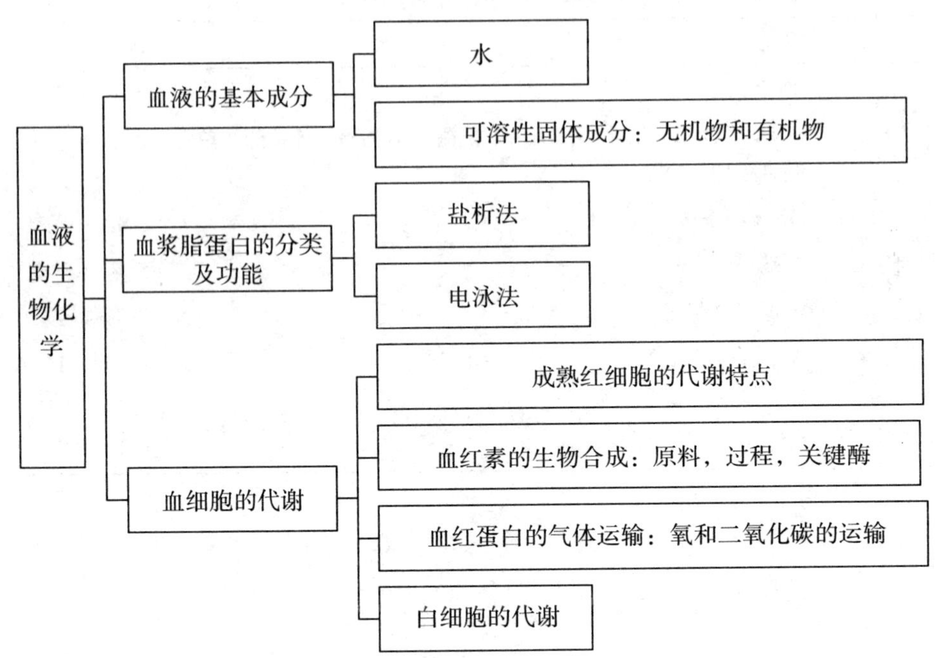

目标检测

一、选择题

【A 型题】

1．下列有关血浆蛋白质的叙述正确的是

A．许多血浆蛋白是糖蛋白

B．清蛋白最富含多糖

C．在 pH 值 8.6 时 γ- 球蛋白的电泳迁移较其他血浆蛋白质快

D．血浆中含量最多的是纤维蛋白原

E．免疫电泳用于分离免疫球蛋白，不能用于分离其他血浆蛋白质

2．正常人血浆总蛋白质的含量为

A．60 ～ 80g/L　　B．40 ～ 50g/L

C．20 ～ 30g/L　　D．25 ～ 35g/L

E．80 ～ 100g/L

3．6- 磷酸葡萄糖脱氢酶缺乏患者，体内哪条代谢途径不能正常进行

A．糖的有氧氧化　　B．磷酸戊糖途径

C．糖酵解
D．糖原合成
E．糖异生

4．我国正常人血浆清蛋白 / 球蛋白的比值是
A．0.8 ~ 1.0 : 1
B．1.5 ~ 2.5 : 1
C．1.8 ~ 2.0 : 1
D．1.2 ~ 1.6 : 1
E．1.3 ~ 1.4 : 1

5．正常人血液 pH 值为
A．7.5±0.05
B．7.3±0.05
C．7.6±0.04
D．7.4±0.05
E．7.2±0.05

6．血浆中下列化合物哪一种不属于 NPN
A．肌酸
B．尿素
C．肌醇磷酸
D．尿酸
E．胆红素

7．有关血液的叙述正确是
A．血液凝固后出现的透明溶液为血浆
B．主要由于胆汁酸盐的存在而使血浆呈黄色
C．血液的主要蛋白质是 β- 球蛋白
D．血清与血浆相比，前者没有纤维蛋白原
E．制备血清必须添加抗凝剂

8．NPN 中含量最多，常用来测定其量作为反映肾功能指标的化合物是
A．尿酸
B．胆红素
C．肌酐
D．尿素
E．氨基酸

9．血液中尿酸含量增加，说明哪种物质代谢发生改变
A．蛋白质分解代谢增加
B．嘌呤分解代谢增强
C．胆固醇代谢增强
D．红细胞破坏增加
E．嘧啶碱分解增加

10．蚕豆病患者先天缺乏的酶是
A．3- 磷酸甘油醛脱氢酶
B．异柠檬酸脱氢酶
C．α- 酮戊二酸脱氢酶
D．6- 磷酸葡萄糖脱氢酶
E．6- 磷酸葡萄糖异构酶

11．血红素的合成部位是在造血细胞的
A．线粒体
B．细胞质
C．内质网
D．微粒体
E．线粒体与细胞质

12．红细胞中 GSSG 转变成 GSH 时主要的供氢体是
A．$NADPH + H^+$
B．$FADH_2$
C．$FMNH_2$
D．H_2O_2
E．$NADH + H^+$

13．成熟红细胞内 NADPH 最主要的生理功能是
A．合成膜上胆固醇
B．促进脂肪合成
C．提供能量
D．使 MHb（高铁血红蛋白）还原
E．维持还原型谷胱甘肽（GSH）的正常水平

14．关于血浆清蛋白的功能错误的是
A．维持血浆胶体渗透压
B．维持血浆的正常 pH 值
C．运输某些物质，尤其是脂溶性物质
D．营养作用
E．抗凝作用

15．血浆中固体成分最多的是
A．无机盐
B．脂肪酸
C．蛋白质
D．葡萄糖
E．非蛋白氮

16．缺乏维生素 B_{12} 及叶酸引起巨幼红细胞贫血的主要原因是影响了
A．铁的利用
B．血红素的合成
C．DNA 的合成
D．Hb 的合成
E．四氢叶酸的合成

17．血液的含量约占体重的
A．8%
B．10%
C．50%
D．20%
E．15%

18．红细胞中的 NADPH + H^+ 是来自于
A．糖酵解
B．葡萄糖醛酸循环
C．磷酸戊糖途径
D．2,3-BPG 支路
E．NADH 的氧化

19．将血浆蛋白质质置于 pH 值 8.6 缓冲液中，在醋酸纤维薄膜上电泳时，可出现几条区带
A．4 条区带
B．5 条区带
C．6 条区带
D．3 条区带
E．2 条区带

20．红细胞中 GSH 的主要生理功能是
A．葡萄糖的载体
B．促进糖的氧化
C．Na^+-K^+-ATP 酶的辅基
D．氧化供能
E．保护酶与蛋白质不被氧化

21．成熟红细胞的主要生命活动能量来源是
A．糖醛酸途径
B．脂肪酸 β 氧化
C．糖的有氧氧化
D．糖酵解
E．磷酸戊糖途径

22．下列关于血浆清蛋白的叙述正确的是
A．是均一的蛋白质，只含有少量二硫键
B．在生理 pH 值条件下带负电荷

C．分子量小，故在维持血浆胶渗压中不起主要作用
D．在碱性介质中电泳时比所有球蛋白泳动慢
E．半饱和硫酸铵可使之从血浆中沉淀出来

23．成熟红细胞中的供能物质主要是
A．葡萄糖
B．脂肪酸
C．蛋白质
D．酮体
E．乳酸

24．血浆胶体渗透压的大小决定于
A．血浆清蛋白的浓度
B．血浆球蛋白的浓度
C．血浆葡萄糖的浓度
D．血浆脂类的含量
E．血浆中 Na^+、Cl^- 等无机离子的含量

25．铅中毒可引起
A．痛风症
B．败血症
C．夜盲症
D．脚气病
E．卟啉症

26．红细胞内抗氧化物主要是
A．GSH
B．NAD^+
C．$NADP^+$
D．FAD
E．FMN

27．库存血不仅需要加入抗凝剂，还要加入葡萄糖，其作用是
A．维持红细胞内外的渗透压
B．氧化供能以维持钠泵运转
C．供给患者所需能量
D．防谷胱甘肽氧化
E．抑制细菌生长

28．血浆中主要的抗体是
A．IgA
B．IgD
C．IgE
D．IgG
E．IgM

29．血浆免疫球蛋白属于
A．脂蛋白
B．糖蛋白
C．磷蛋白
D．核蛋白
E．单纯蛋白质

30．在饱和硫酸铵溶液中才能析出的血浆蛋白质是
A．α_1- 球蛋白
B．清蛋白
C．纤维蛋白原
D．γ- 球蛋白
E．β- 球蛋白

【B 型题】

A．清蛋白
B．纤维蛋白原
C．C- 反应蛋白
D．结合珠蛋白
E．α_1- 酸性蛋白

1．急性炎症时含量会降低的是
2．血清中不含
3．能作为多种物质结合载体的是

A．氧含量
B．Bohr 效应
C．氧容量
D．氧结合量
E．氧饱和度

4．HbO_2 与 Hb 总量之比为
5．Hb 全部与 O_2 结合，所测得的含氧量为
6．血液与大气接触后，所测得的含氧量为

A．尿素
B．氨基酸
C．肌酐
D．尿酸
E．蛋白质

7．尿中排出量相对恒定的物质是
8．在酸性尿中常可结晶析出的物质是
9．正常人尿中不含

A．维生素 A
B．维生素 B_{12}
C．磷酸吡哆醛
D．抗坏血酸
E．维生素 D

10．高铁血红蛋白还原需要
11．血红素合成需要
12．DNA 合成需要

A．运铁蛋白
B．铜蓝蛋白
C．铁蛋白
D．过氧化氢酶
E．结合珠蛋白

13．能将 Fe^{2+} 氧化为 Fe^{3+} 的蛋白质是
14．体内铁的主要储存形式是
15．含铁卟啉化合物的是
16．能特异地与血红蛋白结合的是

二、填空题

1．血浆中的酶按来源和作用的不同可将其分为__________、__________和__________。

2．成熟红细胞的磷酸戊糖途径提供__________。

3．血红蛋白是红细胞最主要的成分，由__________和__________组成；后者不但是__________的辅基，也是__________、__________、__________和__________等的辅基。

4．血红素合成的基本原料是__________、__________和__________，合成过程的限速酶是__________，其辅酶是__________。

5．血浆中具有免疫作用的是__________和__________。

6．成熟红细胞保留有__________、__________和__________等代谢途径，可供给红细胞能量、保护红细胞膜的稳定性以及保证红细胞运输气体的作用。

7．以醋酸纤维素薄膜为支持物的电泳，可将血清蛋白质依次分为________、________、__________、__________和__________五种成分。

8．血浆中存在__________、__________和__________，它们在血液中相互作用、相互制约，保持循环血液通畅。

9．血浆固体成分包括__________、__________、__________和__________。

10．影响 Hb 与氧结合的因素有__________、__________和__________。

11．血液的生理功能有__________、__________、__________和__________。

12．血浆清蛋白的功能有__________、__________、__________和__________。

13．红细胞中的非酶促的 MHb 还原系统主要是__________、__________。

14．血中尿酸含量增多可见于__________、__________和__________。

15．隔绝空气条件下测定血液的含氧量称为__________；血液与大气接触，再测定其中的含氧量称为__________。

三、名词解释

1．血液

2．血清

3．血氧饱和度

四、问答题

1．什么是非蛋白氮？测定血液非蛋白氮有何临床意义？

2．缺乏 6- 磷酸葡萄糖脱氢酶的人为什么容易引起溶血？

参考答案

一、选择题

【A 型题】

1．A　2．A　3．B　4．B　5．D　6．C　7．D　8．D
9．B　10．D　11．E　12．A　13．E　14．E　15．C　16．C
17．A　18．C　19．B　20．E　21．D　22．B　23．A　24．A
25．E　26．A　27．B　28．D　29．B　30．B

【B 型题】

1．C　2．D　3．E　4．E　5．D　6．C　7．C　8．D
9．E　10．D　11．C　12．B　13．B　14．C　15．D　16．E

二、填空题

1．血浆功能酶，外分泌酶，细胞酶

2．NADPH + H^{+}

3．珠蛋白，血红素，血红蛋白，肌红蛋白，细胞色素，过氧化物酶，过氧化氢酶

4．甘氨酸，琥珀酰 CoA，Fe^{2+}，ALA 合酶，磷酸吡哆醛

5．免疫球蛋白（或抗体），补体

6．糖酵解，磷酸戊糖途径，谷胱甘肽代谢系统

7．清蛋白，α_1- 球蛋白，α_2- 球蛋白，β- 球蛋白，γ- 球蛋白

8．凝血因子，多种抗凝物质，纤溶物质

9．蛋白质，非蛋白氮（NPN），不含氮有机物，无机盐

10．PCO_2，pH 值，2，3-BPG

11．运输气体、营养物质和代谢产物，维持内环境稳定，免疫作用，凝血与抗凝血的作用

12．维持血浆胶体渗透压，维持血液正常 pH 值，运输作用，营养作用

13．谷胱甘肽还原系统，维生素 C 还原系统

14．红细胞增多症，地中海贫血，痛风症

15．氧含量，氧容量

三、名词解释

1．血液：由液态的血浆与混悬在其中的红细胞、白细胞、血小板组成。

2．血清：血液凝固后析出淡黄色透明液体称血清。

3．血氧饱和度：血液中氧含量占氧容量的百分比称为血氧饱和度，即血液中 HbO_2 与 Hb 总量之比。

四、问答题

1．什么是非蛋白氮？测定血液非蛋白氮有何临床意义？

血液非蛋白氮包括尿素、尿酸、肌酸、肌酐、氨基酸、多肽、氨和胆红素等，主要是蛋白质和核酸在体内分解代谢的终产物，通过血液运输到肾排出。其在血液中含量的变化可反映机体蛋白质、核酸的代谢情况以及肾的排泄功能。

2．缺乏 6- 磷酸葡萄糖脱氢酶的人为什么容易引起溶血？

这类患者因缺乏 6- 磷酸葡萄糖脱氢酶，磷酸戊糖途径受阻，以致 NADPH 生成减少，不能有效地将 GSSG 还原为 GSH，使红细胞中 GSH 含量降低。当患者服用新鲜蚕豆或某些药物（如磺胺类、伯氨喹等）后过氧化氢和超氧化物生成增加，巯基酶、红细胞膜蛋白的巯基与血红蛋白得不到 GSH 的保护易被氧化而发生溶血。

学习情境十二　肝生物化学

学 习 内 容

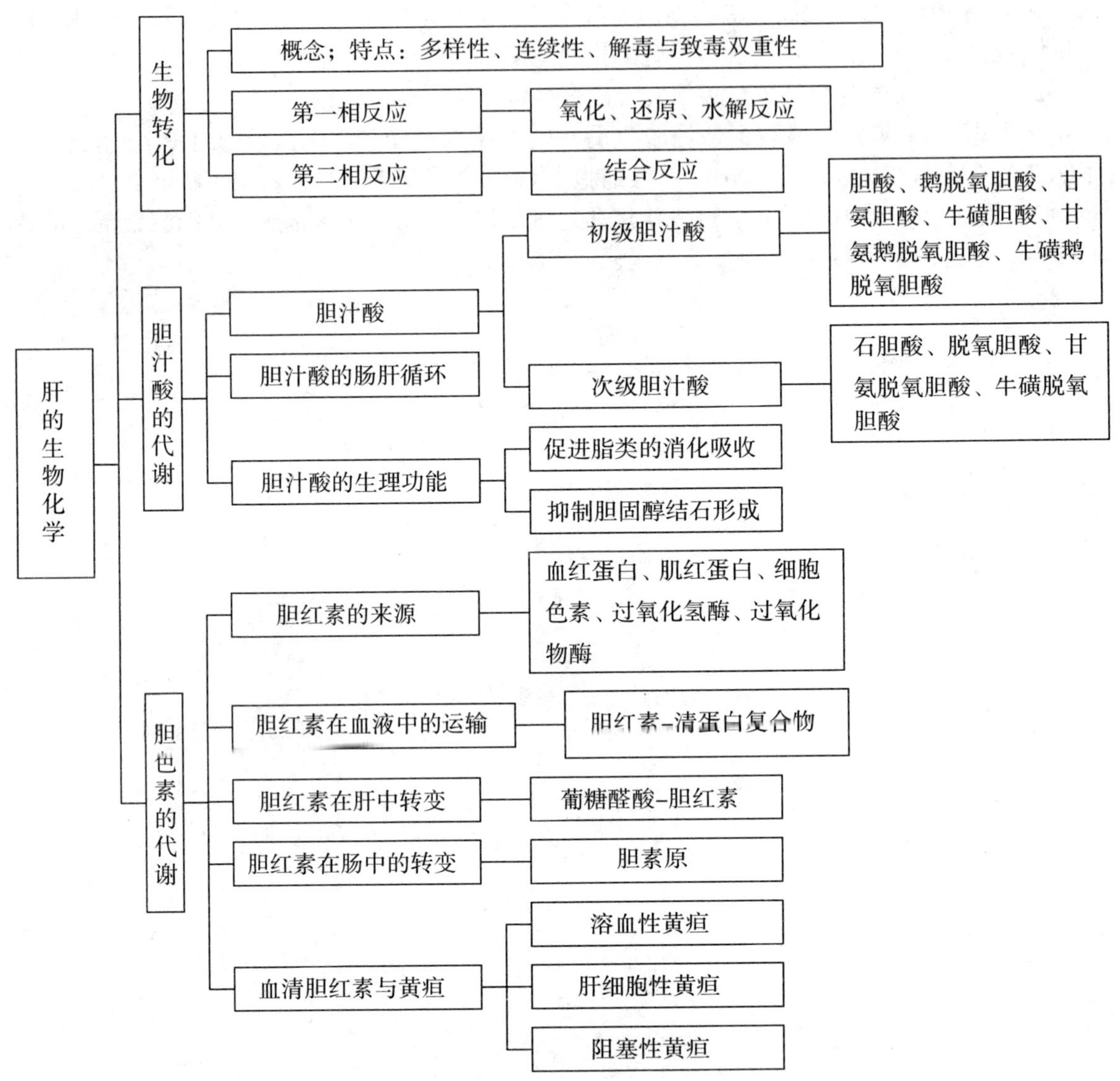

目 标 检 测

一、选择题

【A 型题】

1．血清蛋白质 A/G 倒置主要提示

A．营养不良
B．免疫状态低下
C．肝疾患
D．肾疾患
E．免疫状态过高

2．正常人尿中出现的色素是
A．胆素
B．胆红素
C．胆绿素
D．胆汁酸
E．血红素

3．生物转化的生理意义是
A．使各种毒物的毒性降低
B．使药物失效
C．使生物活性物质灭活
D．使某些药物药效更强
E．使非营养物质水溶性增强，利于排泄

4．饥饿时肝中哪个代谢途径增强
A．磷酸戊糖途径
B．脂肪合成
C．糖酵解
D．糖有氧氧化
E．糖异生

5．下列哪种情况尿中胆素原排泄量减少
A．肝功能轻度损伤
B．肠道阻塞
C．溶血
D．碱中毒
E．胆道阻塞

6．肝合成最多的血浆蛋白质是
A．清蛋白
B．球蛋白
C．凝血酶原
D．纤维蛋白原
E．凝血因子

7．核黄疸的主要病因是
A．结合胆红素侵犯脑神经核而黄染
B．未结合胆红素侵犯脑神经核而黄染
C．未结合胆红素侵犯肝细胞而黄染
D．未结合胆红素与外周神经细胞核结合
E．结合胆红素侵犯肝细胞而黄染

8．关于正常人血、尿及粪便中胆色素的叙述正确的是
A．尿中有胆红素
B．尿中无尿胆素原
C．血中总胆红素浓度＜17.1μmol/L
D．粪便中没有胆素
E．血液中主要是结合胆红素

9．血浆中的下列物质中哪一种不是肝合成的
A．清蛋白
B．免疫球蛋白
C．凝血酶原
D．高密度脂蛋白
E．纤维蛋白原

10．关于阻塞性黄疸的叙述错误的是
A．血清总胆红素浓度升高
B．血清结合胆红素浓度升高
C．尿胆红素浓度升高
D．完全阻塞时出现陶土色粪便
E．尿胆素原浓度升高

11．胆红素自肝排出的主要形式是

A．硫酸胆红素
B．胆红素 - 清蛋白
C．胆红素 - 配体蛋白
D．胆红素葡糖醛酸酯
E．胆素原族

12．可用于判断肝对蛋白质代谢功能的指标是
A．尿三胆
B．A/G 比值
C．血清 ALT 活性
D．P/O 比值
E．K_m 值

13．关于生物转化作用的叙述错误的是
A．具有连续性和多样性
B．受年龄、性别等因素的影响
C．有解毒和致毒的双重性
D．使非营养物质极性降低，利于排泄
E．受药物或毒物的诱导影响

14．下列哪项可提示肝严重病变
A．A/G 等于 1.5 ～ 2.5
B．A/G 小于 2.5
C．A/G 小于 1
D．A/G 小于 1.5
E．A/G 大于 2.5

15．下列哪一种物质不能在肝合成
A．尿素
B．凝血酶原
C．糖原
D．血浆白蛋白
E．凝血因子Ⅳ

16．生物转化的主要器官是
A．肾
B．胰腺
C．小场
D．肝
E．肺

17．胆红素与下列哪种物质结合而被称为结合胆红素
A．白蛋白
B．α_1- 球蛋白
C．Y 蛋白
D．Z 蛋白
E．葡糖醛酸

18．长期服用苯巴比妥类安眠药者，易产生耐受性的原因是
A．诱导肝细胞内加单氧酶的合成
B．诱导肝细胞内加双氧酶的合成
C．诱导肝细胞内其他氧化酶的合成
D．从肾排出加快
E．与肝细胞摄取量增加有关

19．与肝无关的代谢过程是
A．将 β- 胡萝卜素转变为维生素 A
B．将 25- 羟维生素 D_3 转变为 1,25-$(OH)_2$-D_3
C．将维生素 PP 合成 NAD^+ 和 $NADP^+$
D．将泛酸合成 CoA
E．将维生素 D_3 转变为 25- 羟维生素 D_3

20．严重肝病的男性患者出现乳房发育、蜘蛛痣的主要原因是
A．雌激素分泌过多
B．雌激素分泌过少
C．雌激素灭活降低
D．雄激素分泌过多
E．雄激素分泌过少

21．完全性阻塞性黄疸时，正确的是

A．尿胆原（–），尿胆红素（–）
B．尿胆原（+），尿胆红素（–）
C．尿胆原（–），尿胆红素（+）
D．尿胆原（+），尿胆红素（+）
E．粪胆素（+），尿胆红素（+）

22．溶血性黄疸时，胆红素代谢特点是
A．血清未结合胆红素↑
B．血清结合胆红素↑
C．粪便颜色变浅
D．尿胆红素阳性
E．尿胆素原减少

23．下列物质中不参与生物转化的是
A．药物
B．色素
C．防腐剂
D．胆红素
E．脂肪酸

24．正常粪便的棕黄色是由于存在下列哪种物质
A．粪胆素
B．尿胆素原
C．胆红素
D．血红素
E．胆绿素

25．下列哪一项不是肝的组织结构和化学组成特点
A．有双重血液供应
B．有丰富的血窦
C．有丰富的亚细胞结构
D．只有一条输出通路，即胆道
E．有丰富的酶

26．下列脂质代谢过程，不能在肝中进行是
A．分泌胆汁促进脂类消化吸收
B．酮体氧化利用
C．将胆固醇转变生成胆汁酸
D．合成脂蛋白
E．合成胆固醇

27．口服考来烯胺（消胆胺）降低血清胆固醇含量的机制是
A．减少胆汁酸的重吸收，解除其对 3α- 羟化酶的抑制
B．减少胆汁酸的重吸收，解除其对 7α- 羟化酶的抑制
C．增加胆汁酸的重吸收，解除其对 12α- 羟化酶的抑制
D．减少胆汁酸的重吸收，解除其对 7α- 脱羟酶的抑制
E．减少胆汁酸生成，解除其对 HMGCoA 还原酶的抑制

28．胆红素在血液中的运输形式是
A．游离胆红素
B．结合胆红素
C．胆红素 - 葡糖醛酸酯
D．胆红素 -Y 蛋白
E．胆红素 - 清蛋白

【B 型题】

A．加速肠道胆汁酸排泄
B．增加胆固醇在胆汁中的溶解度
C．诱导葡糖醛酸转移酶的生成
D．对醛固酮的灭活作用降低
E．对雌激素的灭活作用降低

1．考来烯胺（消胆胺）降低血清胆固醇的机制是
2．胆汁酸能防止胆固醇结石是因为

3. 苯巴比妥治疗婴儿先天性黄疸的机制是

4. 严重肝病引起水钠潴留的原因是

A. 血胆红素浓度正常

B. 血胆红素浓度升高，尿胆素原剧增，但无胆红素

C. 血中结合和未结合胆红素浓度均大幅升高

D. 尿三胆定性、定量完全正常

E. 尿胆红素阳性，陶土色粪便

5. 肝细胞性黄疸时

6. 溶血性黄疸时

7. 阻塞性黄疸时

A. 显性黄疸　　B. 隐性黄疸

C. 核黄疸　　D. 肝前性黄疸

E. 肝后性黄疸

8. 未结合胆红素侵犯脑神经核而黄染为

9. 血清胆红素超过 34.2μmol/L 为

10. 溶血性黄疸也称为

二、填空题

1. 肝通过__________、__________和__________来维持血糖浓度的相对恒定。

2. 生物转化反应类型有__________、__________、__________和__________。

3. 胆色素主要包括__________、__________、__________和__________，在体内主要由__________化合物分解代谢产生。

4. 胆汁酸的生理功能主要是促进脂类的__________，抑制__________结石的形成。

5. 肝有__________和__________双重血液供应，肝有丰富的__________，有利于物质交换。

6. 肝在胆色素代谢中的作用可概括为__________、__________和__________。

7. 生物转化的特点是__________、__________和__________。

8. 正常人血清总胆红素含量__________μmol/L，当血清胆红素含量__________μmol/L时，称为显性黄疸，黄疸包括__________、__________和__________ 3 种类型。

9. 溶血性黄疸患者血中__________胆红素明显增高，尿中__________胆红素，尿胆素原__________，粪便颜色__________。

三、名词解释

1. 非营养物质

2．生物转化作用

3．黄疸

四、问答题

1．简述口服考来烯胺（消胆胺）降低胆固醇的机制。

2．黄疸可分为哪几种类型？列表比较各型黄疸的生化特征。

参考答案

一、选择题

【A 型题】

1．C　2．A　3．E　4．E　5．E　6．A　7．B　8．C
9．B　10．E　11．D　12．B　13．D　14．C　15．E　16．D
17．E　18．A　19．B　20．C　21．C　22．A　23．E　24．A
25．D　26．B　27．B　28．E

【B 型题】

1．A　2．B　3．C　4．D　5．C　6．B　7．E　8．C
9．A　10．D

二、填空题

1．肝糖原合成，肝糖原分解，糖异生作用
2．氧化，还原，水解，结合
3．胆绿素，胆红素，胆素原，胆素，铁卟啉

4．消化吸收，胆固醇

5．门静脉，肝动脉，血窦

6．摄取，转化，排泄

7．反应的连续性，反应类型的多样性，解毒与致毒的双重性

8．< 17.1，> 34.2，溶血性黄疸，肝细胞性黄疸，阻塞性黄疸

9．未结合，无，增高，加深

三、名词解释

1．非营养物质：是指既不能构成组织细胞的成分，又不能氧化供能的物质，其中有一些对人体还有一定的生物学效应或毒性作用。根据其来源可分为内源性和外源性两类。

2．生物转化作用：是指各种非营养性物质在体内经过代谢转变，使其极性或水溶性增加，易随胆汁或尿液排出体外的过程。

3．黄疸：胆红素为金黄色物质，当血清胆红素含量大于 34.2μmol/L 时，可引起皮肤、巩膜和黏膜的黄染现象，称为黄疸。

四、问答题

1．简述口服考来烯胺（消胆胺）降低胆固醇的机制。

胆固醇的主要代谢去路是转化为胆汁酸，肝将胆固醇转化为胆汁酸的过程中，7α- 羟化酶是胆汁酸合成的限速酶，该酶受胆汁酸的反馈抑制。考来烯胺（消胆胺）是一种阴离子交换树脂，口服后与肠道胆汁酸结合，阻碍了胆汁酸的重吸收，使胆汁酸的排泄量较正常增加 3 ~ 15 倍，肝中胆汁酸减少，肝微粒体内 7α- 羟化酶处于激活状态，促使胆固醇转化为胆汁酸。同时，由于胆汁酸为肠道吸收胆固醇所必需的物质，该药与肠内胆汁酸结合后，肠内胆汁酸量降低，故减少了食物中胆固醇的吸收，由此导致血中胆固醇和低密度脂蛋白降低。

2．黄疸可分为哪几种类型？列表比较各型黄疸的生化特征。

根据黄疸产生的原因，可将其分为溶血性黄疸、阻塞性黄疸和肝细胞性黄疸 3 类。

3种类型黄疸的生化特征

类型	血液		尿液		尿液颜色	粪便颜色
	未结合胆红素	结合胆红素	胆红素	胆素原		
正常	有	无或极微	阴性	阳性	淡黄色	黄色
溶血性黄疸	明显增加	正常或微增	阴性	显著增加	加深（浓茶色）	加深
阻塞性黄疸	不变或微增	明显增加	强阳性	减少或无	加深（金黄色）	变浅或陶土色
肝细胞性黄疸	增加	增加	阳性	不定	加深	变浅

学习情境十三　水和无机盐代谢

学习内容

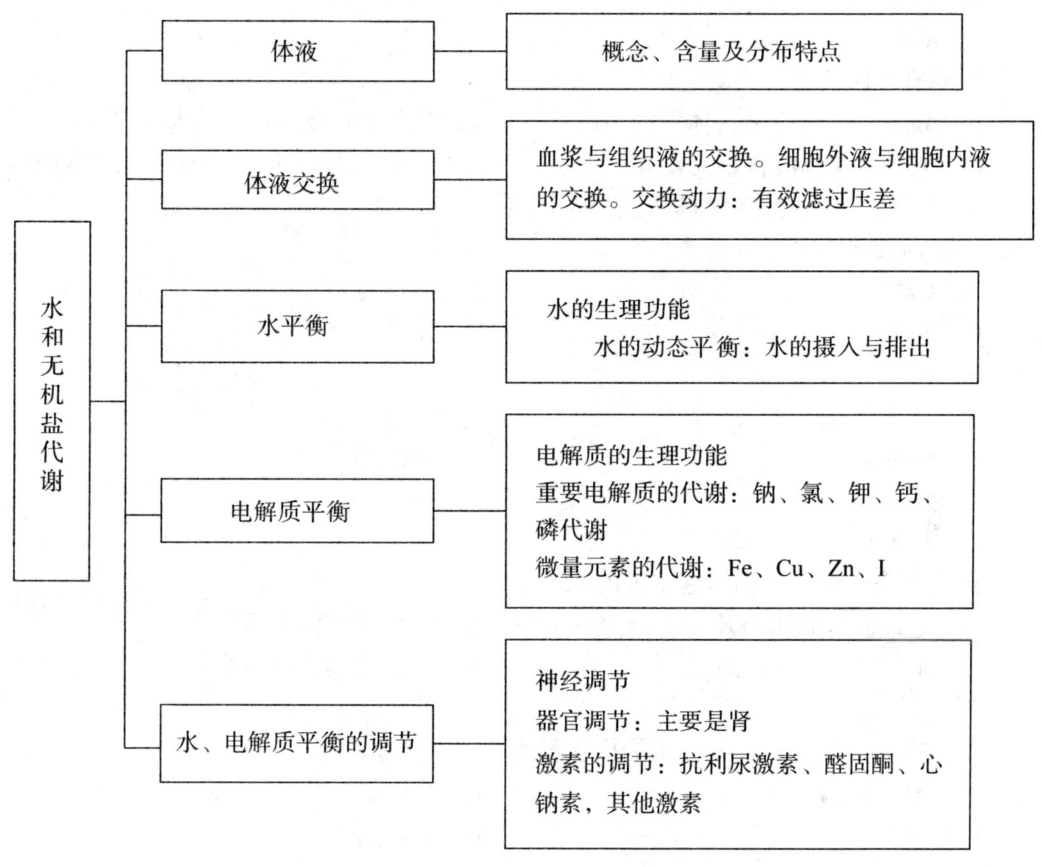

目标检测

一、选择题

【A 型题】

1．肾每排出 1g 固体代谢废物至少需要多少毫升水才能使之溶解

A．5ml　　B．10ml　　C．15ml　　D．20ml　　E．25ml

2．体液中最主要的电解质是

A．有机酸类　　B．有机碱类

C．无机盐　　D．蛋白质离子

E．以上都不是

3．人体内占体重百分数最多的体液是

A．细胞外液
B．细胞内液
C．血浆
D．淋巴液
E．脑脊液

4．正常成年人体液约占体重的
A．15%
B．40%
C．20%
D．60%
E．80%

5．下列有关体液含量的叙述哪项不正确
A．新生儿体液含量占体重的 80%
B．随年龄的增加体液含量逐渐减少
C．成年男女体液含量无差异
D．2 ～ 14 岁的儿童体液含量约为 65%
E．体液含量因身体胖瘦程度的不同而异

6．细胞内液的阳离子主要是
A．Ca^{2+}
B．Mg^{2+}
C．Na^{+}
D．K^{+}
E．Fe^{2+}

7．成人每日水的必然丢失量为
A．500ml
B．1000ml
C．1500ml
D．2000ml
E．2500ml

8．严重肝病、慢性肾病引起水肿的原因是
A．毛细血管血压上升
B．组织液胶体渗透压升高
C．血浆胶体渗透压降低
D．组织液静水压升高
E．组织液静水压降低

9．成人在一般情况下 24h 内水的摄入量为
A．500ml
B．1000ml
C．1 500ml
D．2000ml
E．2500ml

10．维生素 D_3 的活化主要在哪组器官中进行
A．肝、肾
B．肝、脾
C．皮肤、肝
D．皮肤、肾
E．肠道、肾

11．人体内含量最多的无机盐是
A．钠
B．钾
C．钙
D．镁
E．铁

12．成人每日经肾排出的水量为
A．500ml
B．1200ml
C．1500ml
D．2000ml
E．2500ml

13．对机体水平衡有着重要调节作用的是

A．肺
B．皮肤
C．消化道
D．肾
E．肝

14．为了保证代谢废物的排泄，成人每日尿量不能低于
A．100ml
B．300ml
C．500ml
D．1000ml
E．1500ml

15．关于血钙的叙述，下列哪项是正确的
A．非扩散性血浆钙主要是磷酸钙
B．经肾小球滤过的钙 50% 随尿排出
C．血浆 pH 值增加，可增加离子钙浓度
D．正常成人血钙浓度 2.2 ～ 2.7mmol/L
E．血钙是指血浆中离子钙

16．下列哪种离子与神经肌肉兴奋性无关
A．Na^+
B．K^+
C．Ca^{2+}
D．SO_4^{2-}
E．H^+

17．下列哪一组离子是维持细胞外液容量及渗透压的最主要的离子
A．Na^+、HPO_4^{2-}
B．Na^+、HCO_3^-
C．K^+、Cl^-
D．Na^+、Cl^-
E．K^+、HPO_4^{2-}

18．组织液和血浆电解质含量的主要区别是
A．Na^+
B．K^+
C．Cl^-
D．蛋白质
E．HCO_3^-

19．血浆非扩散钙是指
A．柠檬酸钙
B．磷酸氢钙
C．碳酸氢钙
D．蛋白结合钙
E．离子钙

20．正常成人血浆中［Ca］×［P］乘积为
A．15 ～ 20
B．25 ～ 30
C．35 ～ 40
D．45 ～ 50
E．55 ～ 60

21．钙、磷的主要排泄途径分别是
A．肠道、肠道
B．肠道、肾
C．肾、肾
D．肠道、胆道
E．胆道、肾

22．引起手足搐搦的原因是血浆中
A．结合钙浓度↑
B．结合钙浓度↓
C．离子钙浓度↑
D．离子钙浓度↓

E．以上都不是

23．血钙中直接发挥生理作用的是

A．磷酸氢钙
B．草酸钙
C．羟磷灰石
D．离子钙
E．柠檬酸钙

24．人体内铁主要分布于

A．血红蛋白
B．肌红蛋白
C．细胞色素
D．过氧化物酶
E．过氧化氢酶

25．血钙是指

A．血浆中的总钙量
B．血浆中的结合钙
C．血浆中的离子钙
D．血浆中的柠檬酸钙
E．血浆中的磷酸氢钙

26．下列哪种情况下会引起血钾降低

A．创伤
B．高烧
C．酸中毒
D．禁食
E．肾衰竭

27．维生素 D_3 的活性形式是

A．1- 羟维生素 D_3
B．24- 羟维生素 D_3
C．25- 羟维生素 D_3
D．1，25-$(OH)_2$-D_3
E．24，25-$(OH)_2$-D_3

28．骨盐的最主要成分是

A．羟磷灰石
B．磷酸氢钙
C．碳酸钙
D．柠檬酸钙
E．草酸钙

29．血清 K^+ 浓度为

A．2.25 ～ 2.75 mmol/L
B．3.5 ～ 5.5 mmol/L
C．96 ～ 108 mmol/L
D．135 ～ 145 mmol/L
E．0.97 ～ 1.61 mmol/L

30．下列哪组元素不是微量元素

A．铁、锌、碘
B．氟、铜、硒
C．锰、铬、钼
D．硒、镁、钒
E．硒、锌、铜

【B 型题】

A．抗利尿剂素
B．甲状旁腺素
C．醛固酮
D．降钙素
E．1，25- 二羟维生素 D_3

1．促进肾远曲小管对水的重吸收的是

2．具有保 Na^+ 排 K^+ 功能的是

3．能诱导小肠合成钙结合蛋白的是
4．能促进破骨细胞转化为成骨细胞的是
5．属于类固醇激素的是

A．钙　　B．铁
C．硒　　D．磷
E．锌

6．缺乏时引起克山病的是
7．构成谷胱甘肽过氧化物酶活性中心成分的是
8．缺乏时引起低色素小细胞性贫血的是
9．能增强胰岛素活性的是
10．构成缓冲对调节酸碱平衡的是

A．血浆胶体渗透压　　B．血浆胶体渗透压↓
C．细胞外液渗透压↓　　D．高渗溶液
E．等渗溶液

11．促进组织液回流至血管内的是
12．醛固酮分泌不足导致
13．急性肾小球肾炎导致
14．0.9% 氯化钠溶液是
15．50% 葡萄糖溶液是

二、填空题

1．正常人体水的来源有__________、__________和__________，人体内水的排出途径有__________、__________、__________和__________。

2．正常成人每天水的出入量为__________ml。

3．正常成人体液总量约占体重的__________，其中细胞外液占体重的__________，细胞外液中血浆占体重的__________，组织液占体重的__________。

4．正常成人血清 Na^+ 的含量为__________mmol/L。

5．细胞内、外液中电解质的分布差异很大，细胞外液的主要阳离子是__________，主要阴离子是__________和__________，细胞内液的主要阳离子是__________和__________，主要阴离子是__________和__________。

6．一般成人每天对 NaCl 的需要量约为__________g。Na^+、Cl^- 主要经__________排泄，小部分由__________排出。

7．肾排钠特点是__________、__________、__________。

8．正常成人血清钾的含量为__________mmol/L。

9．临床上同时注射葡萄糖和胰岛素，血钾浓度__________。

10．当组织生长或创伤修复时，蛋白质合成增强，可使血钾浓度__________，当严重创伤，组织破坏，感染或缺氧时，蛋白质分解增强，可引起血钾浓度__________。

11．正常成人每天需钾约__________ g，一般以氯化钾计算。正常情况下，80% ~ 90%

的钾＿＿＿＿＿排出，10% 左右由＿＿＿＿＿排出。通过＿＿＿＿＿也可排出少量钾。

12．肾排钾的特点是＿＿＿＿＿、＿＿＿＿＿、＿＿＿＿＿。

13．血钙包括＿＿＿＿＿和＿＿＿＿＿。

14．当 [Ca]×[P] > 40 时，有利于＿＿＿＿＿；[Ca] × [P] <35 时，发生＿＿＿＿＿。

15．当碱中毒时，血浆离子钙浓度＿＿＿＿＿，神经肌肉应激性＿＿＿＿＿，可出现＿＿＿＿＿。

三、名词解释

1．体液

2．血钙

3．可扩散钙

四、问答题

1．为什么严重肝、肾疾患可出现佝偻病或骨质软化症？

2．碱中毒时，为什么患者会出现手足的抽搐？

3．肾排钾排钠各有何特点？临床上为何见尿补钾？

4．当使用胰岛素治疗糖尿病时，或注射胰岛素和葡萄糖作为能量合剂使用时，血清钾浓度有何变化？为什么？

参考答案

一、选择题

【A 型题】

1．C 2．C 3．B 4．D 5．C 6．D 7．C 8．C
9．E 10．A 11．C 12．C 13．D 14．C 15．D 16．D
17．D 18．D 19．D 20．C 21．B 22．D 23．D 24．A
25．A 26．D 27．D 28．A 29．B 30．D

【B 型题】

1．A 2．C 3．E 4．D 5．C 6．C 7．C 8．B
9．E 10．D 11．A 12．C 13．B 14．E 15．D

二、填空题

1．饮水，食物，代谢水，呼吸蒸发，皮肤蒸发，粪便排出，肾排出
2．2500
3．60%，20%，5%，15%
4．135 ~ 145
5．Na^+，Cl^-，HCO_3^-，K^+，Mg^{2+}，蛋白质阴离子，有机磷酸离子
6．4.5 ~ 9，肾，粪便和汗液
7．多吃多排，少吃少排，不吃不排
8．3.5 ~ 5.5
9．降低
10．降低，升高
11．2 ~ 4，肾，粪便，汗液

12．多吃多排，少吃少排，不吃也排

13．离子钙，结合钙

14．骨盐沉积，骨盐溶解

15．减少，增强，手足搐搦

三、名词解释

1．体液：是由水、无机盐、低分子有机物和蛋白质组成，广泛地分布于细胞内外的液体。

2．血钙：是指血浆或血清中的钙。

3．可扩散钙：血浆中的离子钙，柠檬酸钙等能通过毛细血管壁，故称可扩散钙。

四、问答题

1．为什么严重肝、肾疾患可出现佝偻病或骨质软化症？

维生素 D 缺乏时，钙、磷代谢障碍儿童易发生佝偻病，成人可发生骨质软化症。而维生素 D 的活性形式是 1，25- 二羟维生素 D_3，是由维生素 D_3 在肝、肾羟化产生，当肝、肾功能严重障碍时，维生素 D_3 转变为 1，25- 二羟维生素 D_3 的能力降低，亦可发生佝偻病和骨质软化症。此时用维生素 D 治疗无效，用 1，25- 二羟维生素 D_3 治疗则效果显著，故称抗维生素 D 佝偻。

2．碱中毒时，为什么患者会出现手足的抽搐？

血钙以离子钙和结合钙两种形式存在。血浆蛋白结合钙与离子钙之间可以互相转变，处于动态平衡，并受血液 pH 值影响。当血中［H^+］增加时，可促进结合钙解离，Ca^{2+} 增加；反之，当［HCO_3^-］增加时，结合钙增多，Ca^{2+} 减少。而发挥生理作用的是离子钙，因此，当碱中毒时，血浆离子钙浓度减少，神经肌肉应激性增强，可出现手足抽搐。

3．肾排钾排钠各有何特点？临床上为何见尿补钾？

肾排钠的特点为“多吃多排，少吃少排，不吃不排”。排钾的特点为“多吃多排，少吃少排，不吃也排”。由于钾有 90% 是通过肾随尿排出，患者无尿时，通过其他途径排出的钾很少。此时补钾，很容易出现高血钾，钾离子能使心动过缓、心肌收缩力降低、严重时使心脏停搏于舒张状态。因此，临床上有见尿补钾之说。

4．当使用胰岛素治疗糖尿病时，或注射胰岛素和葡萄糖作为能量合剂使用时，血清钾浓度有何变化？为什么？

物质代谢对钾在细胞内外的分布有一定影响。糖原合成时，血浆中的 K^+ 向细胞内转移（每合成 1g 糖原有 0.15mmol K^+ 进入细胞），血钾浓度降低，而糖原分解时，有同样数量的 K^+ 由细胞内向细胞外转移，引起血钾浓度升高。因此，临床上用胰岛素治疗糖尿病或注射胰岛素和葡萄糖作为能量合剂使用时，均能使细胞内糖原合成作用加强，此时由于血浆中 K^+ 转入细胞参与糖原合成作用，所以会引起血钾浓度降低，而出现低血钾。

学习情境十四 酸碱平衡

学习内容

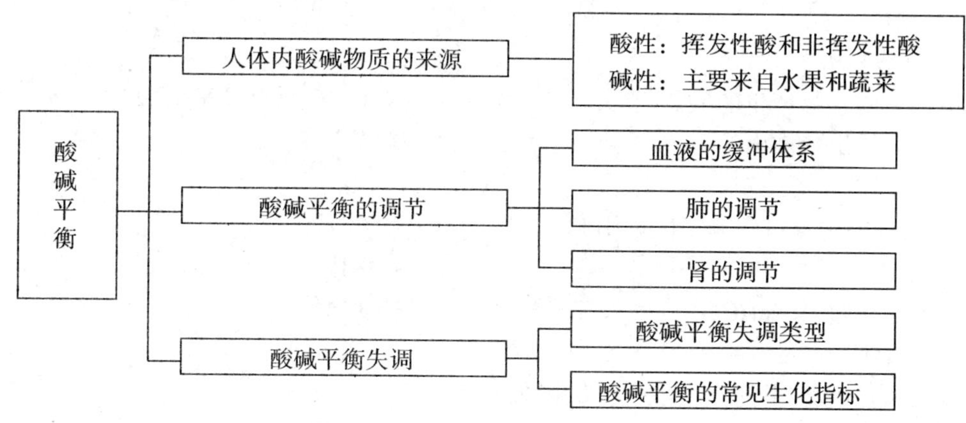

目标检测

一、选择题

【A 型题】

1．治疗代谢性酸中毒的首选药物是

A．乳酸钠　　B．枸橼酸钠

C．碳酸钠　　D．碳酸氢钠

E．以上都不是

2．肾分泌的氨主要来自

A．尿素　　B．谷氨酰胺

C．血液中的氨　　D．氨基酸的联合脱氨

E．氨基酸的氧化脱氨

3．正常人动脉血液的 pH 值维持在

A．7.30 ～ 7.40　　B．7.40 ～ 7.50

C．7.35 ～ 7.45　　D．7.30 ～ 7.50

E．7.45 ～ 7.55

4．酸中毒时常伴有血钾过高，其主要原因是

A．醛固酮分泌减少　　B．使细胞内 K^+ 逸出细胞

C．H^+-Na^+ 交换加强　　D．肾衰竭，排 K^+ 障碍

E．NH_4^+-Na^+ 交换增加

5．血液中的 pH 值主要取决于血浆

A．HCO_3^- 浓度
B．H_2CO_3 浓度
C．HCO_3^- 与 H_2CO_3 的比值
D．HPO_4^{2-} 与 $H_2PO_4^-$ 的比值
E．蛋白阴离子与蛋白质的比值

6．反映酸碱平衡失调中呼吸因素的指标是
A．PCO_2
B．CO_2-CP
C．SB
D．AB
E．BE

7．挥发酸是指
A．成酸食物产生的酸
B．碳酸、硫酸和磷酸等总称
C．只能由肾排出的酸
D．碳酸
E．盐酸

8．呼吸性酸中毒可由哪一因素引起
A．呕吐
B．肺气肿
C．食入过量 $NaHCO_3$
D．过度通气
E．饥饿

9．体内调节酸碱平衡作用最强、最持久的是
A．血液的缓冲作用
B．肺的调节
C．肾的调节作用
D．细胞内外的离子交换
E．骨骼组织的调节作用

10．酮体生成过多可导致
A．呼吸性酸中毒
B．代谢性酸中毒
C．呼吸性碱中毒
D．代谢性碱中毒
E．混合性酸中毒

11．碱储是指
A．血浆中 Na_2HPO_4
B．血浆中 $KHCO_3$
C．血浆中 $NaHCO_3$
D．血浆中 K_2HPO_4
E．血浆中 NaPr

12．当血液中 $NaHCO_3/H_2CO_3$ 比值为 20/1 时，则血液 pH 值为
A．7.3
B．7.5
C．7.4
D．6.5
E．7.0

13．正常血浆中 $NaHCO_3/H_2CO_3$ 比值是
A．10/l
B．20/1
C．30/1
D．1/20
E．1/10

14．肺对酸碱平衡的调节作用是
A．调节血浆中固定酸的浓度
B．调节血浆中 $NaHCO_3$ 的浓度
C．调节血浆中 H_3PO_4 的浓度
D．调节血浆中碳酸的浓度
E．调节红细胞中 HHb 的浓度

15．红细胞中主要的缓冲体系是

A．碳酸氢盐缓冲体系　B．碳酸盐缓冲体系
C．血红蛋白缓冲体系　D．血浆蛋白缓冲体系
E．磷酸盐缓冲体系

16．肾对酸碱平衡的调节作用是
A．排出过多的挥发酸
B．排出过多的固定酸
C．排出过多的固定酸和重吸收 $NaHCO_3$
D．肾对 Cl^- 的重吸收
E．排出过多的 K^+

17．关于血液缓冲作用的叙述，正确的是
A．只要血浆中 $NaHCO_3/H_2CO_3$ 浓度之比 1/20，则血液 pH 值 = 7.4
B．对挥发酸的缓冲作用主要靠碳酸氢盐缓冲对体系
C．碳酸氢盐缓冲体系只存在于血浆中
D．血浆 pH 值主要取决于 $NaHCO_3$ / H_2CO_3 的比值
E．对固定酸的缓冲作用主要靠血红蛋白缓冲体系

18．血浆中碱储的含量可用下列哪项来表示
A．血液 pH 值　B．血浆 HCO_3^- 浓度
C．血浆 CO_2 分压　D．血浆 Na^+ 含量
E．血浆实际碳酸氢盐含量

19．正常人血浆中 Na_2HPO_4/NaH_2PO_4 比值是
A．2/1　B．6/1
C．4/1　D．10/1
E．1/10

20．对进入血液中的 H_2CO_3 进行缓冲的主要缓冲体系是
A．碳酸氢盐缓冲体系　B．磷酸氢盐缓冲体系
C．血红蛋白缓冲体系　D．血浆蛋白缓冲体系
E．醋酸盐缓冲体系

21．血浆二氧化碳结合力降低常见于
A．呼吸性酸中毒　B．代谢性酸中毒
C．代谢性碱中毒　D．呼吸性酸中毒合并代谢性碱中毒
E．代谢性碱中毒合并呼吸性酸中毒

22．肾对下列哪种离子的排泄具有高效调节能力
A．K^+　B．Na^+
C．Ca^{2+}　D．Cl^-
E．HPO_4^{2-}

23．尿液酸化主要是指原尿中的何种物质被酸化
A．$NaHCO_3$　B．Na_2HPO_4
C．乳酸钠　D．NaCl
E．Na_2CO_3

24．组织细胞对酸碱平衡也有调节作用，其中主要调节方式是

A．细胞内的缓冲对
B．通过排泄与分泌
C．通过离子交换
D．通过细胞呼吸
E．骨组织的调节

25．血浆［HCO_3^-］原发性增高可见于
A．代谢性酸中毒
B．代谢性碱中毒
C．呼吸性酸中毒
D．呼吸性碱中毒
E．呼吸性酸中毒合并代谢性酸中毒

26．血浆［H_2CO_3］原发性升高可见于
A．代谢性酸中毒
B．代谢性碱中毒
C．呼吸性酸中毒
D．呼吸性碱中毒
E．呼吸性碱中毒合并代谢性碱中毒

27．下述哪项原因不易引起代谢性酸中毒
A．糖尿病
B．休克
C．呼吸、心跳骤停
D．呕吐
E．腹泻

28．代谢性酸中毒时细胞外液 [H^+] 升高，其最常与细胞内哪种离子进行交换
A．Na^+
B．K^+
C．Cl^-
D．HCO_3^-
E．Ca^{2+}

29．纠正呼吸性酸中毒的最根本措施是
A．吸氧
B．改善肺泡通气量
C．给予 $NaHCO_3$
D．抗感染
E．给予乳酸钠

30．维持酸碱平衡时起重要作用的酶是
A．转氨酶
B．谷氨酰胺酶
C．乳酸脱氢酶
D．谷氨酰胺合成酶
E．氨甲酰合成酶Ⅱ

【B 型题】

A．作用强，但易影响血 K^+ 浓度
B．作用慢，但最持久有效
C．作用最迅速
D．作用快，但只调节血［H_2CO_3］
E．作用强，但只能缓冲固定酸

1．碳酸氢盐缓冲系统
2．肺的调节
3．肾的调节

A．代谢性酸中毒
B．代谢性碱中毒
C．呼吸性酸中毒
D．呼吸性碱中毒
E．呼吸性酸中毒合并代谢性酸中毒

4．血浆［HCO_3^-］原发性增高可见于

5．血浆［H_2CO_3］原发性增高可见于
6．血浆［H_2CO_3］原发性减少可见于
7．血浆［HCO_3^-］原发性减少可见于

A．调节血浆中固定酸的浓度
B．调节血浆中 $NaHCO_3$ 的浓度
C．调节血浆中 H_3PO_4 的浓度
D．调节血浆碳酸的浓度
E．调节血浆中 $KHCO_3$ 的浓度

8．肺对酸碱平衡的调节作用是
9．肾对酸碱平衡的调节作用是
10．血红蛋白缓冲体系的作用是

二、填空题

1．正常人血液 pH 值为__________，机体维持体液 pH 值恒定主要是通过__________、__________和__________ 3 方面的协调作用。

2．以糖、脂肪、蛋白质为主要成分的食物称为__________。

3．排泄固定酸的器官是__________，排出挥发酸的器官是__________。

4．正常人血浆的主要缓冲对是__________。

5．一般把__________、__________类食物称为成碱食物。

6．酸中毒常伴有__________血钾，碱中毒常伴有__________血钾。

7．酸碱平衡失常可分为__________、__________、__________和__________ 4 种基本类型。

8．进入血液的固定酸或碱主要被__________缓冲体系缓冲。

9．体内的酸性物质可分为__________和__________两类。

10．正常血浆 pH 值平均为__________，而排出尿液 pH 值为__________。

11．肺对酸碱平衡的调节主要通过排出__________来调节血浆中__________的浓度。

12．肾对酸碱平衡调节的作用主要是通过__________、__________和__________来实现的。

13．代谢性酸中毒时，血浆［HCO_3^-］原发性__________，［H_2CO_3］代偿性__________。

14．肺泡通气过度可引起__________，其特征是__________原发性__________。

三、名词解释

1．碱储

2．酸碱平衡

3．二氧化碳分压

4．酸碱平衡失调

四、问答题

1．酸碱平衡失调的基本类型有哪些？最常用生化诊断指标有哪些？

2．为什么酸中毒时常伴有高血钾？

3．高血钾所致酸中毒为什么会出现碱性尿？

参考答案

一、选择题

【A 型题】

1．D　2．B　3．C　4．B　5．C　6．A　7．D　8．B
9．C　10．B　11．C　12．C　13．B　14．D　15．C　16．C
17．D　18．B　19．C　20．C　21．B　22．B　23．B　24．C
25．B　26．C　27．D　28．B　29．B　30．B

【B 型题】

1．E　2．D　3．B　4．B　5．C　6．D　7．A　8．D
9．B　10．D

二、填空题

1．7.35 ~ 7.45，血液缓冲作用，肺的调节作用，肾的调节作用
2．成酸性食物
3．肾，肺
4．$NaHCO_3/H_2CO_3$
5．蔬菜，水果
6．高，低
7．代谢性酸中毒，代谢性碱中毒，呼吸性酸中毒，呼吸性碱中毒
8．碳酸氢盐
9．挥发酸，固定酸
10．7.35 ~ 7.45，5.0 ~ 6.0
11．CO_2，H_2CO_3
12．H^+-Na^+ 交换，NH_4^+-Na^+ 交换，K^+-Na^+ 交换
13．降低，降低
14．呼吸性碱中毒，$[H_2CO_3]$，降低

三、名词解释

1．碱储：血浆中缓冲固定酸的主要成分是 $NaHCO_3$，在一定程度上可以代表机体对固定酸的缓冲能力，故习惯上把血浆中的 $NaHCO_3$ 称为碱储。

2．酸碱平衡：机体处理酸碱物质的含量和比例，维持体液 pH 值恒定的过程，称为酸碱平衡。

3．二氧化碳分压：是指动脉血液或血浆中物理溶解的 CO_2 所产生的张力。正常参考范围为 4.67 ~ 6.0kPa（35 ~ 45mmHg），平均为 5.33kPa（40mmHg）。

4．酸碱平衡失调：体内酸碱的产生或丢失过多，或肺、肾的调节功能障碍，致使血浆 pH 值偏离正常范围，称为酸碱平衡失常。

四、问答题

1．酸碱平衡失调的基本类型有哪些？最常用生化诊断指标有哪些？

酸碱平衡失调的基本类型有呼吸性酸中毒、呼吸性碱中毒、代谢性酸中毒、代谢性碱中毒。最常见的生化诊断指标有血浆 pH 值、血浆二氧化碳分压、血浆二氧化碳结合力，标准碳酸氢盐与实际碳酸氢盐、碱剩余或碱缺失。

2．为什么酸中毒时常伴有高血钾？

在酸中毒时，细胞外液 H^+ 浓度增加，部分 H^+ 进入细胞内与 K^+ 交换，使细胞外液 K^+ 浓度增加，同时肾小管上皮细胞的泌 H^+ 作用加强，而泌 K^+ 作用减弱，K^+ 的排出减少，因此，酸中毒时，常伴有高血钾。

3．高血钾所致酸中毒为什么会出现碱性尿？

当某种原因引起高钾血症时，细胞外液的 K^+ 浓度增高，部分 K^+ 进入细胞内与 H^+ 交换，使细胞外液 H^+ 浓度增加，导致酸中毒。同时，肾小管上皮细胞的泌 H^+ 作用减弱，泌 K^+ 作用增强使尿的 pH 值升高导致碱性尿。

学习情境十五　细胞信号转导

学习内容

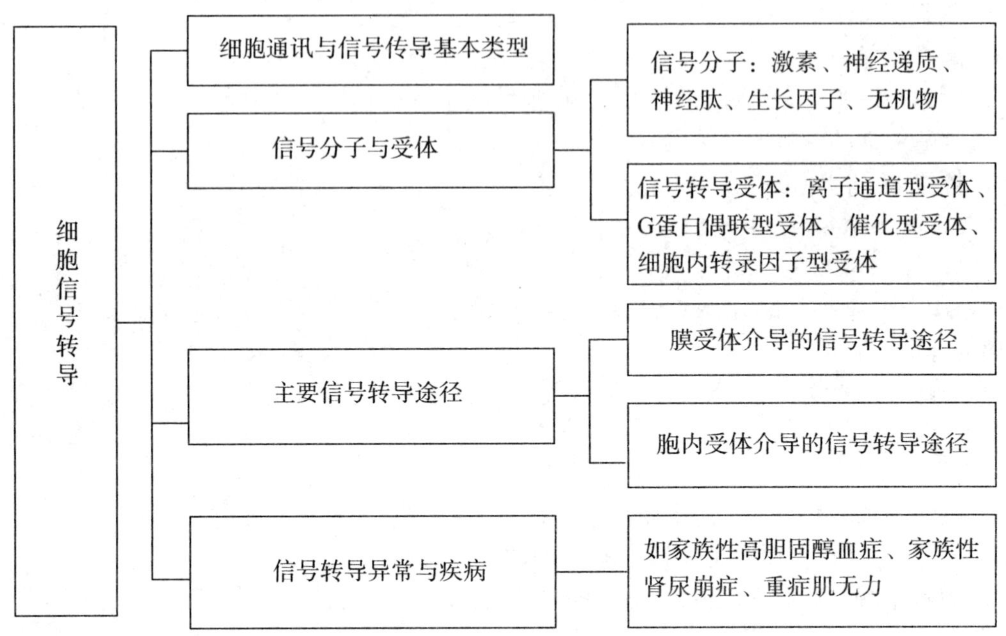

目标检测

一、选择题

【A 型题】

1．有关激素描述正确的是

A．激素一定要通过 cGMP 起作用　　B．激素仅作用于细胞膜表面的受体

C．全部由内分泌腺细胞分泌　　D．与受体共价结合

E．激素与受体的结合是可逆的

2．胞内受体的化学本质通常是

A．糖脂　　B．脂蛋白

C．糖蛋白　　D．蛋白多糖

E．DNA 结合蛋白

3．可使激动型 G 蛋白中的 α 亚基发生 ADP 核糖化从而丧失 GTP 酶活性的是

A．霍乱毒素　　B．百日咳毒素

C．白喉毒素　　D．铜绿假单胞菌外毒素

E．肉毒毒素

4. 与 G 蛋白密切相关的核苷二磷酸是

A. ADP
B. TDP
C. GDP
D. UDP
E. CDP

5. 下列哪类物质不是细胞间信息物质

A. 神经递质
B. 局部化学介质
C. 亲水性激素
D. 亲脂性激素
E. 环核苷酸

6. 下列哪类受体不是细胞膜受体

A. 离子通道受体
B. 单跨膜 α 螺旋受体
C. G 蛋白偶联受体
D. 性激素受体
E. 转化生长因子 β 受体

7. 下列哪种核苷酸与 G 蛋白的活化有密切关系

A. TTP
B. ATP
C. UTP
D. GTP
E. CTP

8. G 蛋白的 α 亚基具有下列哪种酶活性

A. TTP 酶
B. UTP 酶
C. GTP 酶
D. CTP 酶
E. ATP 酶

9. 下列哪种信息物质所激发的信息转导通常不产生第二信使

A. 促肾上腺皮质激素
B. 甲状腺激素
C. 胰高血糖素
D. 肾上腺素
E. 促甲状腺激素释放激素

10. 胰岛素受体具有下列哪种蛋白激酶活性

A. TPK
B. Ca^{2+}-CaM 激酶
C. PKG
D. PKA
E. PKC

11. 百日咳毒素主要直接干扰下列哪种 G 蛋白的活性

A. 激动型 G 蛋白（Gs）
B. 抑制型 G 蛋白（Gi）
C. 与视觉相关的 G 蛋白（Gt）
D. 与离子通道开放相关的 G 蛋白（Go）
E. 与磷脂酶 C 活化相关的 G 蛋白（Gp）

12. 下列受体中与 G 蛋白偶联的是

A. 细胞质内受体
B. 细胞核内受体
C. 单跨膜 α 螺旋受体
D. 跨膜 α 螺旋受体
E. 离子通道受体

13. 下列哪种信号分子的受体为胞内受体

A. 甲状腺激素
B. 去甲肾上腺素
C. 表皮生长因子
D. γ- 氨基丁酸
E. 胰岛素

14．第二信使通常指
A．细胞内的三酰甘油
B．细胞内的蛋白质
C．细胞内的酶分子
D．细胞内的受体
E．细胞内的小分子物质

15．下列哪种受体不是细胞内受体
A．雌激素受体
B．雄激素受体
C．孕激素受体
D．糖皮质激素受体
E．白介素 -2 受体

16．通常不作为第一信使物质的是
A．前列腺素
B．γ- 氨基丁酸
C．乙酰胆碱
D．一氧化碳
E．环核苷酸

17．通常被 DAG 激活的蛋白激酶是
A．PKA
B．PKG
C．PKC
D．受体型 TPK
E．非受体型 TPK

18．下列属于催化型受体的是
A．生长激素受体
B．甲状腺激素受体
C．性激素受体
D．表皮生长因子受体
E．白介素 -2 受体

19．胰高血糖素与相应受体结合激活 Gs 蛋白后主要引起
A．激活受体型 TPK
B．激活非受体型 TPK
C．激活磷脂酰肌醇特异的 PLC
D．激活鸟苷酸环化酶
E．激活腺苷酸环化酶

20．通常将细胞内传递激素信息的小分子物质称为
A．第三信使
B．第一信使
C．第二信使
D．载体蛋白
E．递质

21．PKA 主要磷酸化哪组氨基酸残基
A．苏氨酸 / 丝氨酸
B．谷氨酸 / 亮氨酸
C．酪氨酸 / 谷氨酸
D．丝氨酸 / 谷氨酸
E．酪氨酸 / 亮氨酸

22．旁分泌信息物质发挥作用的特点是
A．作用距离短
B．持续时间长
C．不具有特异性
D．不需第二信使
E．所用受体均为胞内受体

23．下列描述中属于受体与配体结合特点的是
A．一种配体能且仅能结合一种受体
B．一种受体能且仅能结合一种配体
C．因受体数目很多，故受体可无限量地结合配体

D．因受体与配体间的亲和力很高，故二者的结合不可逆
E．受体与配体结合后能引起某种特定的生理效应

24．下列哪类激素主要与细胞内受体结合并起作用
A．儿茶酚胺类激素　　B．前列腺素
C．肽类激素　　D．蛋白类激素
E．性激素

25．G 蛋白指
A．鸟苷酸结合蛋白　　B．鸟苷酸环化酶
C．蛋白激酶 G　　D．生长因子受体结合蛋白 -2
E．SOS 蛋白

26．绝大多数膜受体的化学本质为
A．类固醇　　B．磷脂
C．脂蛋白　　D．糖脂
E．糖蛋白

27．依赖 Ca^{2+} 的蛋白激酶是
A．PKG　　B．PKC
C．PTK　　D．MAPK
E．PKA

28．通常不能作为信号转导蛋白的物质是
A．蛋白激酶　　B．蛋白磷酸酶
C．G 蛋白　　D．高密度脂蛋白
E．转录因子

29．以下激素中作为胞内受体之配体的是
A．肾上腺素　　B．雌激激素
C．抗利尿激素　　D．干扰素
E．胰岛素

30．可与离子通道受体结合的配体是
A．生长因子　　B．类固醇激素
C．甲状腺素　　D．乙酰胆碱
E．一氧化氮

【B 型题】

A．肾上腺素　　B．皮质醇
C．前列腺素　　D．干扰素
E．乙酰胆碱

1．属于氨基酸衍生物类激素的是
2．属于脂肪酸衍生物类激素的是
3．属于细胞因子类信号分子的是
4．属于神经递质类信号分子的是
5．属于类固醇激素的是

A．接触依赖型　　B．间隙连接型
C．内分泌型　　D．旁分泌型
E．自分泌型

6．肿瘤细胞分泌过量的生长因子属于
7．信号分子以扩散方式作用于邻近靶细胞属于
8．免疫细胞的相互识别属于
9．信号分子通过血液作用于远距离靶细胞属于
10．心肌细胞之间快速传导电信号属于

二、填空题

1．细胞信号转导的基本特征有__________、__________、__________和__________。

2．信号分子与受体结合的特点有__________、__________、__________、__________和__________。

3．按照化学本质的不同，激素可分为__________、__________、__________和________4类。

4．信号分子根据其来源和作用机制的不同分为__________、__________、__________、__________和__________。

5．常见的第二信使有__________、__________、__________、__________和_________。

6．基本细胞信号通讯方式有___________、___________、___________、___________、__________和__________。

7．肢端肥大症和巨人症是__________突变所致信号转导异常性疾病，家族性肾性尿崩症是__________突变引起的原发性受体信号转导异常性疾病。

8．细胞膜受体按其分子结构的不同分为__________、__________和__________ 3类。

9．细胞信号转导包括__________、__________和__________ 3个环节。

三、名词解释

1．信号分子

2．受体

3．激素

四、问答题

1．简述 cAMP 信号转导途径。

2．试述信号分子与受体结合的特点。

参考答案

一、选择题

【A 型题】

1．E　2．E　3．A　4．C　5．E　6．D　7．D　8．C
9．B　10．A　11．B　12．D　13．A　14．E　15．E　16．E
17．C　18．D　19．E　20．C　21．A　22．A　23．E　24．E
25．A　26．E　27．B　28．D　29．B　30．D

【B 型题】

1．A　2．C　3．D　4．E　5．B　6．E　7．D　8．A
9．C　10．B

二、填空题

1．具有专一性和相似性，具有级联放大效应，具有综合性和发散性，具有通用性和多样性

2．高度专一性，高度亲和力，可逆性，可饱和性，可调节性

3．类固醇激素，氨基酸衍生物类，多肽和蛋白质类，脂肪酸衍生物类

4．激素，神经递质和神经肽，生长因子，细胞因子，无机物

5．cAMP，cGMP，Ca^{2+}，DG，IP_3

6．接触依赖型，间隙连接型，内分泌型，旁分泌型，自分泌型，突触型

7．G 蛋白基因，ADH 受体基因

8．离子通道型受体，G 蛋白偶联型受体，催化型受体

9．胞外传递，跨膜转换，胞内传递

三、名词解释

1．信号分子：是指由特定的信号源（如信号细胞）产生的，可以通过神经或体液转导等方式进行传递，作用于靶细胞并产生特异应答的一类化学物质。

2．受体：是指存在于靶细胞膜上或细胞内的一类能够识别和结合特异信号分子，并引发靶细胞产生特定的细胞内反应的蛋白质。

3．激素：是由内分泌细胞分泌，释放入血液后，通过血液循环而传递至靶细胞，与靶细胞的特异性受体结合，从而发挥生理功能的物质。

四、问答题

1．简述 cAMP 信号转导途径。

这是一条经典的信号转导途径，信号分子通常与 G 蛋白偶联型受体相结合而激活此途径。一般说来，构成 cAMP 信号转导途径的级联反应为：信号分子→膜受体→ G 蛋白→ AC → cAMP → PKA →效应蛋白或酶→生理效应。

2．试述信号分子与受体结合的特点。

①高度专一性：指受体选择性地与特定配体结合的性质。②高度亲和力：无论是膜受体还是胞内受体，它们与相应配体间的亲和力都极强。③可逆性：受体与配体一般以非共价键可逆地结合在一起，当生物效应发生后，两者即解离，从而导致信号转导的终止。④可饱和性：在一定条件下，存在于靶细胞表面或细胞内的特异受体数目是一定的。⑤可调节性：存在于靶细胞表面或细胞内的受体数目以及受体对配体的亲和力是可以受到调节的。

第二部分 实训指导

生物化学实验基本知识

一、实验目的

1．培养学生严谨的科学作风，独立工作能力及科学的思维方法。

2．学习基础的生物化学实验方法，为今后的学习与研究准备更好的条件。

3．培养学生爱护国家财物、爱护集体、团结互助的团队协作精神。

4．培养学生的书面及口头表达能力。

二、实验室规则

1．实验前必须认真预习实验内容，明确本次实验目的，掌握实验原理、操作关键步骤及注意事项，写好实验预习报告。

2．实验时自觉遵守实验室纪律，保持室内安静。

3．实验过程中要听从教师指导，认真按照实验步骤和操作规程进行实验，注意观察实验过程中出现的现象和结果，并认真进行实验记录，对实验结果展开讨论，结果不良时，必须重做。实验完毕及时整理数据，按时上交实验报告。

4．实验中，将移液枪、吸量管、试剂等用完后放回原处，实验台面、水池以及各种实验仪器内外都必须保持清洁整齐，严禁试剂瓶盖及滴管与试剂瓶张冠李戴，各种器皿、纸屑等不得丢弃在水池内。

5．配制的试剂和实验过程中的样品，尤其是保存在冰箱和冷室中的样品，必须贴上标签，写上品名、浓度、姓名和日期。放在冰箱中的易挥发溶液和酸性溶液必须严密封口。

6．配制和使用洗液必须极为小心，强酸强碱必须倒入废液缸或冲稀后排放。

7．使用贵重精密仪器应严格遵守操作规程。使用分光光度计时不得将溶液洒在仪器内外和地面上。仪器发生故障应立即报告教师，未经许可不得自己随意检修。

8．对于如乙醇、乙醚等易燃性有机溶剂，使用时严禁明火，远离火源。若需加热应用水浴加热，不可直接在明火上加热。

9．实验完毕后，由值日生安排同学搞好实验室卫生，整理好实验用品，关好门窗，切断电源、水源，以确保安全，经指导教师检查，允许后方可离开。

三、实验记录及实验报告

（一）实验记录

详细、准确、如实地做好实验记录是极为重要的，记录如果有误，会导致整个实验失败，这也是培养学生实验能力和严谨的科学作风的一个重要方面。

1．每位同学必须准备一个实验记录本，实验前认真预习实验，看懂实验原理和操作方法，在记录本上写好实验预习报告，包括简要的实验流程图和数据记录表格等。

2．记录本上要编好页数，不得撕缺和涂改，写错时可以划去重写。不得用铅笔记录，只能用钢笔和圆珠笔。

3．实验中应及时准确地记录所观察到的现象和测量的数据，条理清楚，字迹端正，切不可潦草以致日后无法辨认。实验记录必须公正客观，不可夹杂主观因素。

4．实验中要记录的各种数据，都应事先在记录本上设计好各种记录格式和表格，以免实验中由于忙乱而遗漏测量和记录，造成不可挽回的损失。

5．实验记录要注意有效数字，如吸光度值应为“0.050”，而不能记成“0.05”。每个结果都要尽可能重复观测2次以上，即使观测的数据相同或偏差很大，也都应如实记录，不得涂改。

6．实验中要详细记录实验条件，如使用的仪器型号、编号、生产厂家等。生物材料的来源、形态特征、健康状况、选用的组织及其重量等。试剂的规格、化学式、分子质量、试剂的浓度等，都应记录清楚。

（二）实验报告

实验报告是实验的总结和汇报，通过实验报告的写作可以分析总结实验的经验，学会处理各种实验数据的方法，加深对有关生物化学与分子生物学原理和实验技术的理解和掌握，同时也是学习撰写科学研究论文的过程。实验报告的格式应为：①实验目的；②实验原理；③仪器和试剂；④实验步骤；⑤数据处理；⑥结果讨论。

四、实验室基本操作

（一）玻璃仪器的清洗

实验中所用的玻璃仪器清洁与否，直接影响实验的结果，往往由于仪器的不清洁或被污染而造成较大的实验误差，有时甚至会导致实验的失败。

1．初用玻璃仪器的清洗　新购买的玻璃仪器表面常附着有游离的碱性物质，可先用洗涤灵或洗衣粉洗刷，再用自来水洗净，然后浸泡在1% ~ 2%（体积分数）盐酸溶液中过夜（时间不可少于4h），再用自来水冲洗，最后用蒸馏水洗两次，在100 ~ 120℃烘箱内烘干备用。

2．使用过的玻璃仪器的清洗　先用自来水洗刷至无污物，再用合适的毛刷蘸洗衣粉洗刷，或浸泡在洗涤灵中超声清洗（比色皿绝不可超声清洗），然后用自来水彻底洗净去污剂，用蒸馏水洗两次，烘干备用（计量仪器不可烘干）。玻璃仪器洗净后，以倒置后内壁不挂有水珠为清洁标准。

（二）移液操作

1．吸量管的种类（图1）

（1）奥氏吸量管：奥氏吸量管供准确量取0.5ml、1.0ml、2.0m、5.0ml、10.0ml液体之用。每根吸量管上只有一个刻度，放液时最后须吹出残留在管尖的液体。这类吸量管的特点是在同容量的吸量管中以它的容量表面积为最小。故准确度最高。它常作为量取黏度较大的液体之用。

（2）移液管或移液吸量管：移液管供准确量取1.0ml、5.0ml、10.0ml、20.0ml、25.0ml、50.0ml及100.0ml液体之用。每根吸量管上只有一个刻度，放液时待管内液体流出后，吸量管管尖在容器内壁上继续停留 15 ~ 30 s，管尖残留液体不得吹出。这类吸量管常用于化学容量分析定量稀释。

（3）刻度吸量管：刻度吸量管供量取 l0ml 以下的任意体积的液体之用。有 0.1ml、0.2ml、25ml、0.5ml、1.0ml、2.0ml、5.0ml 及 10.0ml 几种。这类吸量管分刻度到尖端者和不到尖端者两种。因生产单位不同，有自上而下或自下而上的两种刻度法。因此，使用时应仔细分清，千万不要弄错。若使用刻度到尖端者，则在所量取的液体全部放出后，须将残留在管尖的液体吹出。若使用 1ml 吸量管吸取 1ml 液体时，则将液体恰巧放出至下端刻度即可，决不可放液达到最低的刻度以下。

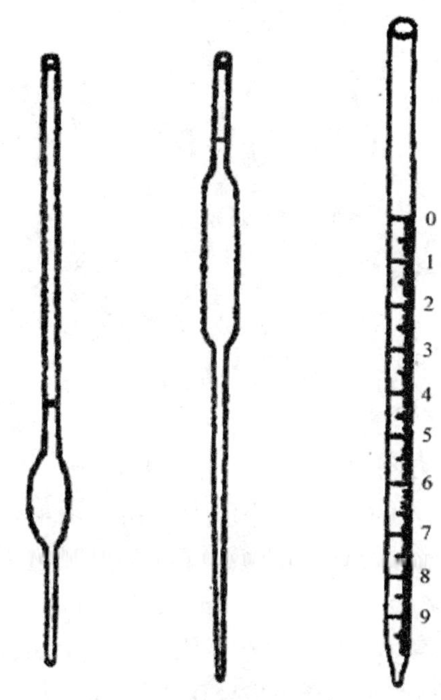

图 1　吸量管的种类

2．吸量管的使用方法

（1）执管：拇指执吸量管上部，使吸量管保持垂直，示指按在管口上调节流速，刻度朝向操作者。

（2）取液：把吸量管插入液体，用洗耳球吸取液体至所需刻度上方，移开洗耳球，迅速用示指压紧管口，然后抽离液面。

（3）调准刻度：用示指控制液体至所需刻度（此时液体凹面、视线和刻度应在同一水平线上）。

（4）放出液体：移开示指，让液体自然流入容器内。此时，管尖应接触容器内壁，但不应插入容器的原有液体中，否则管尖会沾上容器内试剂，再移液时致使试剂交叉污染（图 2）。待液体流尽，将最后液滴吹出或转动吸量管使其沿容器内壁流出。

（5）洗涤：吸取血浆、尿及黏稠试剂的吸量管，用后应及时用自来水冲洗干净。如果吸取一般试剂的吸量管，可待实验完毕后再洗。

注意：①对于刻度由上至下的吸量管应尽量使用上端刻度。②管尖残液是否需要吹，视具体情况而定。一般来说，lml 及 lml 以下的均需吹出；> lml 的视标记而行。如吸量管上方标有“吹”，则残液需吹出。标有“快”字，应使残液自然流下。

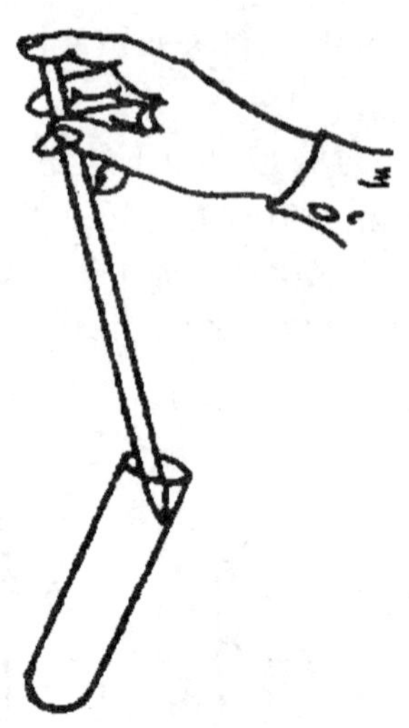

图2　使用吸量管的姿式

3．吸量管的选用原则

（1）量取整数量液体时，应选用奥氏吸量管。若量取体积较大时可用移液管。

（2）选用容量与取液量最接近的吸量管，如欲取0.15ml液体，应选用0.2ml刻度吸量管，而不能用0.5ml刻度吸量管。

（3）做生化定量实验，如几个试管需加入不同量的同一种液体时，要根据加入液体的量酌情选用吸量管，各管所加入的液体量分别为0.2ml、0.4ml、0.6ml及0.8ml时，应选用一支容量与最大的取液量接近的刻度吸量管，即1ml刻度吸量管。但另一种情况却不能这样做，如各管加入液体的量为1.0ml、2.0ml、5.0ml及8.0ml时，则不能选用同一支10.0ml刻度吸量管吸取不同的量加入各管中，而应该分别用一支1.0ml、2.0ml、5.0ml及10.0ml刻度吸量管吸取。因为用10.0ml刻度吸量管量取1.0ml、2.0ml甚至5.0ml溶液时，因管内径太大，其刻度是很难控制得准的，也就是说难以放准。

（4）当取液量不足吸量管的满刻度时，如用1.0ml刻度吸量管量取0.6ml液时，应选用吸量管上端刻度（指刻度到尖端者）。若用1.0ml刻度不到尖端的吸量管，上端或下端刻度都可以使用。

4．可调式移液器的使用（图3）

（1）可调式移液器的结构见图3A。

（2）可调式移液器的使用

①旋转调节轮至所需体积值；②套上枪头、旋紧③垂直持握可调式移液器并用大拇指按至第一档；④将抢头插入溶液，徐徐松开大拇指，使其复原，将可调式移液器移出液面；⑤排放时，重新将大拇指按下，至第一档后，继续按至第二档直至排空液体。

注意：移取另一样品时，按卸尖按钮弃掉枪头并更换新枪头。

（三）液体的混匀

样品和试剂的混匀是保证化学反应充分进行的一种有效措施。为使反应体系内各物质迅速地接触，必须借助于外力的机械作用。常用的混匀方法有以下几种：

1．旋转法　手持容器，使溶液做离心旋转（图4）。适用于未盛满液体的试管或小口器皿，如锥形瓶。

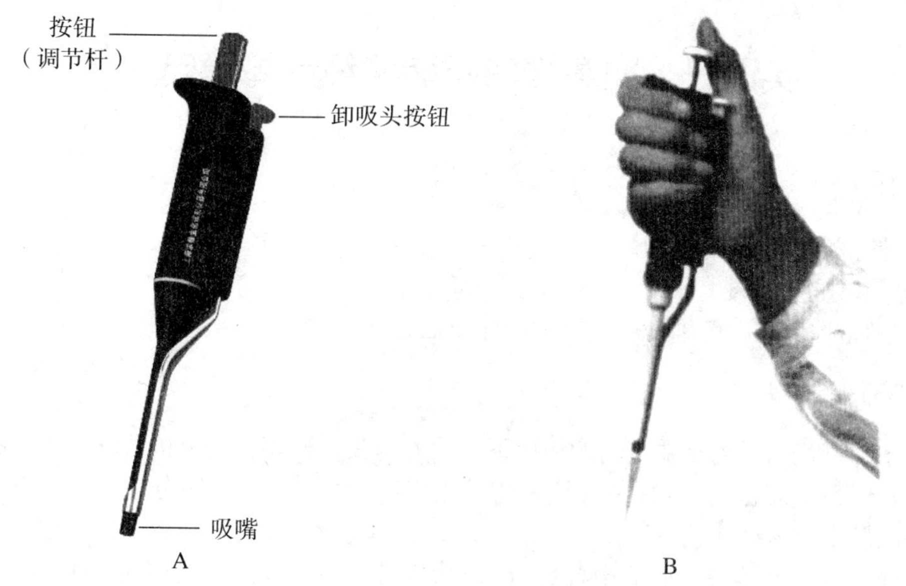

图 3　可调式移液器的结构和使用

2．指弹法　一手执试管上端，另一只手轻弹试管下部；使管内溶液做旋涡运动。

3．搅动法　使用玻璃棒搅匀，多用于溶解烧杯中的固体。

4．混匀器法　将容器置于混匀器的振动盘上，逐渐用力下压，使内容物旋转。

注意：混匀时谨防容器内液体溅出或被污染，严禁用手堵塞管口或瓶口振摇。

（四）离心沉淀法

颗粒小而不均一、沉淀黏稠或容积小又需精确定量时，往往采取离心沉淀法。

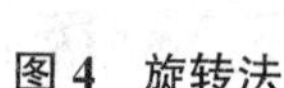

图 4　旋转法

低速离心机的使用：

1．离心前检查：取出所有套管，启动空载的离心机，观察是否转动平稳。检查套管有无软垫，是否完好，内部有无异物，离心管与套管是否匹配。

2．离心原则

（1）平衡：将一对离心管放入一对套管中，置于天平两侧，用滴管向较轻一侧的离心管与套管之间滴水至两侧平衡。

（2）对称：将已平衡好的一对管置于离心机中的对称位置。

3．离心操作　对称放置配平后的套管，取出多余的套管，盖严离心机盖。调节转速调节钮，逐渐增加转速至所需值，计时。离心完毕后，缓慢将转速调回零。待离心机停稳后取出离心管，并将套管中的水倒净，所有套管放回离心机中。

4．注意事项

（1）离心机的启动、停止都要慢，否则离心管易破碎或使液体从离心管中溅出。

（2）离心过程中，若听到特殊响声，应立即停止离心，检查离心管。若离心管已碎，应消除并更换新管；若管未碎，应重新平衡。

实训一 血清蛋白质醋酸纤维薄膜电泳

【实训目的】

1．掌握蛋白质电泳的原理。

2．熟悉影响蛋白质电泳的主要因素。

3．熟悉蛋白质醋酸纤维薄膜电泳的操作方法。

【实训原理】

血清中各种蛋白质离子在电场的作用下，向着与其电性相反的电极移动。由于各种蛋白质等电点不同，从而在同一 pH 值环境中所带电荷量有所不同，同时分子大小各有差异，所以在同一电场中的泳动速度不同。一般来说，所带的电荷多而颗粒小者，泳动速度快，反之则慢。据此，可用电泳法将血清中各种蛋白质加以分离。清蛋白分子小带负电荷多泳动快；球蛋白分子大、带负电荷少则泳动慢，因此可将血清蛋白质分为清蛋白，α_1、α_2、β、γ- 球蛋白 5 条区带。

【试剂】

1．巴比妥缓冲液（pH 值 8.6，0.07mol/L，离子强度 0.06）： 称取巴比妥钠 12.76g、巴比妥 1.66g，加蒸馏水约 500ml，加热溶解，冷至室温后，加蒸馏水至 1000ml。

2．染色液： 称取氨基黑 10B 0.5g，加入冰醋酸 10ml、甲醇 50ml、蒸馏水 40ml，混匀，在具塞试剂瓶内贮存。

3．漂洗液：取 95% 乙醇 45ml、冰醋酸 5ml 及蒸馏水 50ml，混匀，在具塞试剂瓶内贮存。

4．0.4mol/L NaOH 溶液

5．透明液：取冰醋酸 20ml 和无水乙醇 80ml，混匀，装入试剂瓶，塞紧备用。

【器材】

醋酸纤维薄膜、培养皿、滤纸、镊子、剪子、加样器（可用血红蛋白吸管或用 1.2cm × 5cm 有机玻璃条，在一端磨出 0.2cm 左右平面）、直尺、铅笔、玻璃板（8cm × 12cm）、试管、试管架、吸量管、吸量管架、电泳仪以及分光光度计。

【操作】

1．准备 剪裁尺寸合适的滤纸条，叠成 4 层贴在电泳槽的两侧支架上，一端与支架前沿对齐，另一端浸入电泳槽的缓冲液内，使滤纸全部润湿，驱除其中气泡，此即滤纸桥。量取缓冲液 700 ～ 800ml 倒入电泳槽之一侧，打开中央活塞，使液体通过导管流入另一侧，以使管中气泡排出，然后再向另一侧倒入缓冲液，使两侧电极槽内液面达到水平状态。一般约需平衡 15 ～ 20min。平衡后将活塞关好。

将醋酸纤维薄膜切成 2cm × 8cm 大小，在无光泽面的一端约 1.5cm 处，用铅笔划一直线作为点样位置，并编号。将薄膜无光泽面向下，浸入盛于培养皿中的巴比妥缓冲液内，待完全浸透（约 20min），即薄膜已无白斑后，取出夹在滤纸中间，轻轻吸去多余的缓冲液。

2．点样 取少量血清置于玻璃板上，用加样器取血清约 2 ～ 3μl 均匀地加于点样线上，待血清渗入膜内后，移开加样器。应使血清形成具有一定宽度、粗细均匀的直线。

3．电泳 将薄膜点样的一端靠近阴极侧，无光泽面向下，平整地贴于电泳槽支架的滤纸桥上，使其平衡约 5min，打开电源开关，调节电压为 100 ～ 160V，电流为 0.4 ～ 0.6mA/cm 膜宽，通电 40 ～ 50min，使电泳区带展开约 3.5cm 即可关闭电源。

4．染色 用镊子小心取出薄膜，浸入染色液中染色 2min，然后取出，浸入盛有漂洗液的培养皿中反复漂洗数次，直至背景颜色脱净为止，一般每隔 10min 左右换一次漂洗液，连续漂洗 3 次即可。此时即得 5 条蛋白色带，从阳极端起，依次为清蛋白，α_1、α_2、β 和 γ- 球蛋白。

5．定量

（1）洗脱法：将漂净的薄膜用滤纸吸干后，剪下各条蛋白质区带，并于空白部位剪一相当于清蛋白宽度的薄膜作为空白。分别浸入 0.4mol/L NaOH 溶液中，清蛋白管为 4ml，其余各管为 2ml。振摇数次，约经 30min，蓝色即可完全浸出。用分光光度计比色，于 580 ～ 620nm 波长下，以空白管调零，测定各管的吸光度，按下式计算各部分蛋白质所占百分比（相对百分含量）：

$$\text{清蛋白}\% = \frac{\text{清蛋白管吸光度} \times 2}{T} \times 100$$

$$\alpha_1\text{-球蛋白}\% = \frac{\alpha_1\text{-球蛋白管吸光度}}{T} \times 100$$

$$\alpha_2\text{-球蛋白}\% = \frac{\alpha_2\text{-球蛋白管吸光度}}{T} \times 100$$

$$\beta\text{-球蛋白}\% = \frac{\beta\text{-球蛋白管吸光度}}{T} \times 100$$

$$\gamma\text{-球蛋白}\% = \frac{\gamma\text{-球蛋白管吸光度}}{T} \times 100$$

式中，T = 清蛋白管吸光度 ×2 + α_1 - 球蛋白管吸光度 + α_2- 球蛋白管吸光度 + β- 球蛋白管吸光度 + γ- 球蛋白管吸光度。

（2）分光光度计法：将干燥的薄膜放入微机控制的自动扫描吸光度计内，通过反射（用已透明的薄膜时，通过透射），对蛋白质区带进行扫描，自动绘出电泳图形，并直接打印出各部分蛋白质的相对百分含量。

薄膜透明的方法是：将完全干燥的薄膜置于透明液中浸泡 3min，然后取出，贴于玻璃板上，不要存留气泡。经 2 ～ 3min，薄膜便完全透明。待干后撕下压平，可长期保存。

用醋纤膜电泳可将血清蛋白质分离成 5 个区带（或成分），见图 4。改变电泳和显色方法。可提高分辨力，如表 1。

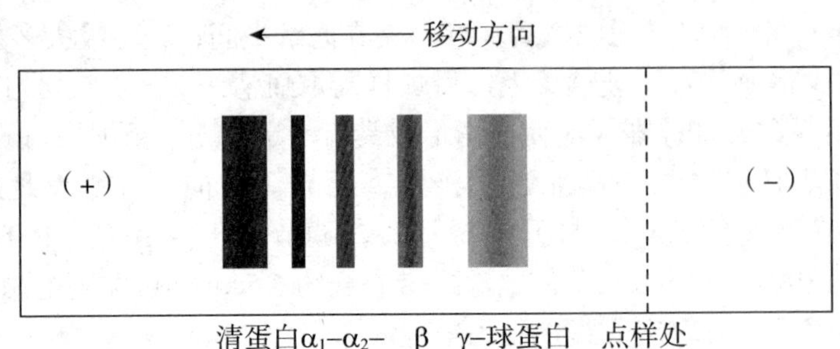

图 4　血清蛋白质醋酸纤维薄膜电泳图谱

表1　不同电泳方法的血清蛋白质区带数

电泳方法	CAME	PAGE	IEF	梯度 PAGE
区带数	5	20^+	30^+	60^+

分离后的蛋白质须经显色才能检测鉴定。通常用氨基黑 10B 显色血清蛋白质。

各区带的颜色深浅与蛋白质含量几乎成正比，因此可根据光密度来求得各蛋白质成分的相对含量。

【正常值】

清蛋白：　57% ～ 72%

α_1- 球蛋白：　2% ～ 5%

α_2 球蛋白：　4% ～ 9%

β- 球蛋白：　6.5% ～ 12%

γ- 球蛋白：　12% ～ 20%

【临床意义】

1．慢性肝炎、肝硬化时，清蛋白降纸，γ- 球蛋白升高 2 ～ 3 倍。

2．肾病综合征时，清蛋白降低，α_2 及 β- 球蛋白升高。

3．结缔组织病（如红斑狼疮，类风湿性关节炎等）时，清蛋白降低，γ- 球蛋白显著升高。

4．多发性骨髓瘤时，清蛋白降低，γ- 球蛋白增多，于 β 和 γ 区带之间出现“M”带。

【分析与思考】

1．电泳时，醋酸纤维薄膜点样的一端应靠近哪一电极？为什么？

2．血清醋酸纤维薄膜电泳可将血清蛋白质依次分为哪几条区带？

实训二　尿蛋白的检查

【实训目的】

1．熟悉蛋白质的沉淀方法。

2．掌握尿蛋白定性检查的原理及方法。

【实训原理】

蛋白质从溶液中以固体状态析出的现象，称为蛋白质的沉淀作用。常用的沉淀剂有中性盐、有机溶剂、重金属盐和某些酸类等。尿蛋白的检查是利用加热醋酸法，使蛋白质变性沉淀。加稀醋酸使 pH 值下降，达蛋白质等电点（pI = 5 左右），有利于变性的蛋白质沉淀。加酸还可消除因尿液受热而出现的磷酸盐结晶沉淀。

【试剂】

1．鸡蛋清溶液。

2．5%（V/V）醋酸溶液（冰醋酸 5ml，蒸馏水 95ml，混匀即得）。

3．95% 乙醇。

4．0.5% 升汞溶液。

5．2% 醋酸铅溶液。

6．5% 三氯醋酸溶液。

【器材】

试管，酒精灯，0.5、2.0 及 5.0ml 吸量管

【操作】

一、蛋白质的沉淀反应

1．乙醇对蛋白质的作用　取 1ml（约 15 滴）鸡蛋清溶液于试管中，滴加 95% 乙醇 1ml（约 15 滴），稍加振荡，观察有何现象，说明原因。______________________________。

2．重金属盐对蛋白质的作用　取试管 2 支，各加入鸡蛋清 1ml，然后缓慢地向第 1 支试管滴加 2% 醋酸铅溶液数滴，振荡。向第 2 支试管滴加 0.5% 升汞溶液数滴，振荡。观察各个试管里有什么现象产生，并说明原因。______________________________。

3．某些酸对蛋白质的作用　取试管一支，加入 2ml（约 30 滴）鸡蛋清溶液，加入 5% 三氯醋酸溶液 1ml（约 15 滴），充分振摇，观察有何变化，并说明原因。______________________________。

4．加热对蛋白质的作用　取 1ml（约 15 滴）鸡蛋清溶液置试管内，在酒精灯火焰上加热至沸，观察其变化，并说明原因。______________________________。

二、尿蛋白的定性检查

1．取试管 2 支，第 1 支加尿样（一）至试管的 1/3 处，第 2 支加尿样（二）至试管的

1/3 处。

2．两支试管均用试管夹夹住试管下端，斜置于酒精灯火焰上加热。注意加热时，火焰应在试管尿液的上 1/3 段，至沸腾。

3．滴加 5% 醋酸溶液 2 ～ 3 滴，再继续煮沸。

结果判断标准：若加热、加酸再加热后，无浑浊者为阴性；出现白色浑浊、絮状沉淀或凝块，均为阳性。阳性程度的判断见下表。

加热醋酸法测定尿蛋白的判断表

尿液浑浊程度	结果判断	约含蛋白质量（g/L）
清晰透明无改变	－	
黑色背景下呈轻微浑浊	±	＜ 0.1
白色浑浊，无颗粒状及絮状物	+	0.1 ～ 0.5
浑浊，有明显颗粒状	++	0.5 ～ 2
有大量絮状物但无块状	+++	2 ～ 5
立即出现凝块	++++	＞ 5

【结果分析及结论】

实训三　酶的专一性

【实训目的】

通过实验，验证酶的专一性，即酶对底物的选择性。

【实训原理】

酶是生物催化剂，其催化活力受温度、pH 值、抑制剂和激活剂等因素的影响。酶与一般催化剂最主要的区别之一是酶具有高度专一性，即一种酶只能对一种或一类化学反应起催化作用。

淀粉酶催化淀粉水解，生成麦芽糖和少量葡萄糖，它们均属还原性糖，可使斑氏试剂中二价铜离子（Cu^{2+}）还原成亚铜，生成砖红色的氧化亚铜（Cu_2O）沉淀。但是，淀粉酶不能催化蔗糖水解，而蔗糖本身不是还原性糖，故不与斑氏试剂产生颜反应。还原糖产物可用斑氏试剂鉴定。

【试剂】

1．1% 淀粉溶液：取可溶性淀粉 10g，加 50ml 蒸馏水，调成糊状，再加 800ml 蒸馏水，加热并不断搅拌，使其充分溶解，放冷，最后用蒸馏水稀释至 1000ml。

2．1% 蔗糖溶液。

3．pH 值 6.8 缓冲液　取 0.2mol/L Na_2HPO_4。$12H_2O$ 溶液 772ml（应称取 $Na_2HPO_4 \cdot 12H_2O$ 71.3g/L），0.1mol/L 枸橼酸溶液 228ml，混合后即成（应称取枸橼酸 21.01g/L）。

4．斑氏试剂：溶解结晶硫酸铜（$CuSO_4 \cdot 5H_2O$）17.3g 于 100ml 热的蒸馏水中，冷后，稀释至 150ml，此为第一液。取枸橼酸钠（枸橼酸三钠）173g 和无水碳酸钠 100g 加水 600ml，加热溶解，冷后，稀释至 850ml，此为第二液。最后把第一液缓慢倒入第二液中，混匀后即成。

【器材】

10mm × 100mm 试管、试管架、蜡笔、恒温水浴、沸水浴。

【操作】

1．稀释唾液制备：将痰咳尽，用水漱口（去除食物残渣、洗涤口腔），含蒸馏水约 30ml，作咀嚼运动，2min 后吐入烧杯中备用（不同人甚至同一人在不同时间所采集的唾液中淀粉酶的活性均不一样，结果会有差别，若想得到满意结果，应事先确定稀释倍数）。

2．煮沸唾液的制备：取上述稀释唾液约 5ml，放入沸水浴中煮沸 5min，取出备用。

3．取 3 支试管，标号，按下表加入试剂。

管序	缓冲液（pH 值 6.8）	淀粉溶液（1%）	蔗糖溶液（1%）	稀释唾液	煮沸唾液
1	20 滴	10 滴	—	5 滴	—
2	20 滴	10 滴	—	—	5 滴
3	20 滴	—	10 滴	5 滴	—

4．各管摇匀后，放置 37℃水浴中保温 10min，取出各管分别加斑氏试剂 20 滴，置沸水浴中煮沸，观察结果。

【结果分析及结论】

观察并记录每管颜色反应，并说明原因。

实训四　影响酶活性的因素

【实训目的】

通过实训观察温度、pH 值、激活剂与抑制剂对酶促反应的影响。

【实训原理】

淀粉在淀粉酶催化下水解，其最终产物是麦芽糖。在水解反应过程中淀粉的分子量逐渐变小，形成若干分子量不等的过渡性产物，称为糊精。向反应系统中加入碘液可检查淀粉的水解程度，淀粉遇碘呈蓝色，糊精中分子量较大者呈蓝紫色，随糊精的续水解，对碘呈橙红色，麦芽糖对碘不显色。

根据颜色反应，可以了解淀粉被水解的程度。在不同温度、不同酸碱度下，唾液淀粉酶活性不同，淀粉水解程度也不一样。另外，激活剂、抑制剂也能影响淀粉的水解。因此，通过与碘反应的颜色判断淀粉被水解的程度，进而了解温度、pH 值、激活剂和抑制剂对酶促反应的影响。

【试剂】

1．1% 淀粉溶液：取可溶性淀粉 10g，加 50ml 蒸馏水，调成糊状，再加 800ml 蒸馏水，加热并不断搅拌，使其充分溶解，放冷，最后用蒸馏水稀释至 1000ml。

2．稀释唾液的制备：将痰咳尽，用水漱口（去除食物残渣、洗涤口腔），含蒸馏水约 30ml，作咀嚼运动，2min 后吐入烧杯中备用（不同人甚至同一人在不同时间所采集的唾液中淀粉酶的活性均不一样，结果会有差别，若想得到满意结果，应事先确定稀释倍数）。

3．pH 值 6.8 缓冲液：取 0.2mol/L $Na_2HPO_4 \cdot 12H_2O$ 溶液 772ml（应称取 $Na_2HPO_4 12H_2O$ 71.3g/L），0.1mol/L 枸橼酸溶液 228ml，混合后即成（应称取枸橼酸 21.01g/L）。

4．pH 值 3.0 缓冲液：取 0.2mol/L $Na_2HPO_4 \cdot 12H_2O$ 溶液 205ml，0.1mol/L 枸橼酸溶液 795ml，混合后即成。

5．pH 值 8.0 缓冲液：取 0.2mol/L $Na_2HPO_4 \cdot 12H_2O$ 溶液 972ml，0.1mol/L 枸橼酸溶液 28ml，混合后即成。

6．1%NaCl 溶液：取 NaCl 10g，加 500ml 蒸馏水，加热搅拌，使其充分溶解，放冷，最后用蒸馏水稀释至 1000ml。

7．2%$CuSO_4$ 溶液：取 $CuSO_4$ 20g，加 500ml 蒸馏水，加热搅拌，使其充分溶解，放冷，最后用蒸馏水稀释至 1000ml。

8．2%Na_2SO_4 溶液：取 Na_2SO_4 20g，加 500ml 蒸馏水，加热搅拌，使其充分溶解，放冷，最后用蒸馏水稀释至 1000ml。

9．2% 稀碘溶液：取 50ml 浓碘液，加蒸馏水至 1000ml。

【器材】

10mm × 100ml 试管、试管架、恒温水浴、沸水浴、冰浴、蜡笔。

【操作】

1．温度对酶促反应的影响

（1）取 3 支试管，编号，每管各加入 pH 值 6.8 缓冲液 20 滴，1% 淀粉 10 滴，稀释唾液 5 滴，混匀后。

（2）将第一管放入 37℃恒温水浴中，第二管放入沸水浴中，第三管放入冰浴中。

（3）放置 8 ~ 10min 后取出，分别向各管加入稀碘液 2 滴，观察 3 管中颜色的区别，说明温度对酶促反应的影响。

2．pH 值对酶促反应的影响

（1）取 3 支试管，编号。按下表加入试剂。

管序	缓冲液（pH 值 3.0）	缓冲液（pH 值 6.8）	缓冲液（pH 值 8.0）	淀粉溶液（1%）	稀唾液
1	20 滴	—	—	10 滴	5 滴
2	—	20 滴	—	10 滴	5 滴
3	—	—	20 滴	10 滴	5 滴

（2）将上面各管摇匀放入 37℃恒温水浴中保温。

（3）8 ~ 10min 后，取出分别加入 2 滴稀碘溶液，观察 3 管颜色的区别，说明 pH 值对酶促反应的影响。

3．激活剂与抑制对酶促反应的影响。

（1）取 4 支试管，编号。按下表加入试剂。

管序	缓冲液 pH 值 6.8	淀粉溶液 1%	蒸馏水	NaCl 1%	$CuSO_4$ 2%	Na_2SO_4 2%	稀唾液
1	20 滴	10 滴	10 滴	—	—	—	5 滴
2	20 滴	10 滴	—	10 滴	—	—	5 滴
3	20 滴	10 滴	—	—	10 滴	—	5 滴
4	20 滴	10 滴	—	—	—	10 滴	5 滴

（2）摇匀各管放入 37℃恒温水浴中保温。

（3）8 ~ 10min 后，取出各管加入稀碘溶液 2 滴，观察各管颜色的区别，说明激活剂和抑制剂对酶促反应的影响。

【结果分析及结论】

通过实验，说明酶促反应怎样受到温度、pH 值、激活剂与抑制剂的影响。

实训五　血糖的测定

【实训目的】

1．掌握血糖浓度的正常范围及生理意义。

2．了解测定血糖的原理和方法，要求在实验中培养学生严谨的作风。

3．培养团队合作精神、动手能力、沟通能力。

【实训原理】

葡萄糖在热的醋酸溶液中与邻甲苯胺缩合生成葡萄糖邻甲苯胺，后者脱水生成雪夫（Schiff）碱，再经结构重排，生成有色化合物。颜色的深浅与葡萄糖含量成正比。

【试剂】

1．邻甲苯胺试剂：于940ml冰醋酸中加入硫脲1.5g，邻甲苯胺60ml，混合，直至硫脲完全溶解，置棕色试剂瓶中，室温保存。新配试剂应放置24h后（待老化）使用。此试剂腐蚀性强，避免接触皮肤，应用自动吸管加液。

2．苯甲酸溶液：12mmol/L于900ml蒸馏水中加入苯甲酸1.4g，加热助溶，冷却后置于1L容量瓶中，加蒸馏水至刻度。

3．葡萄糖标准储存液（100mmol/L）：称取无水葡萄糖（预先置80℃烤箱干燥至恒重，移置干燥器内保存）1.802g，溶解于80ml苯甲酸溶液中，移置100ml容量瓶中，再加苯甲酸溶液至刻度。

4．葡萄糖标准应用液（5mmol/L）：取葡萄糖标准储存液5ml，置于100ml容量瓶中，加苯甲酸溶液至刻度。

【操作】

1．取16mm×150mm试管3支按下表进行操作。

试剂（ml）	测定管	标准管	空白管
血清或血浆	0.1	—	—
葡萄糖标准应用液	—	0.1	—
蒸馏水	—	—	0.1
邻甲苯胺试剂	3.0	3.0	3.0

2．将上述各管混匀后放入沸水浴中加热5～10min，取出用自来水冷却5min。注意在煮沸时水浴中的水面必须高于试管内的液面，否则温度不均而影响比色。

3．用波长630nm分光光度计进行比色，空白管调节零点，读取测定管与标准管吸光度。

4．计算

$$血糖（mmol/L）=\frac{定管吸光度}{标准管吸光度}\times 5$$

5．本测定法空腹血糖正常值为 3.89 ～ 6.11mmol/L（70 ～ 110mg/dl）。

【结果分析及结论】

讨论血糖升高和降低的临床意义及其维持恒定的因素？

实训六 激素对血糖浓度的影响

【实训目的】

1．熟悉血糖含量的调节机制，掌握肾上腺素和胰岛素对血糖浓度的影响。

2．培养团队合作精神、动手能力、沟通能力、创新能力。

【实训原理】

人和动物体内血糖浓度受各种激素调节而维持恒定。胰岛素能降低血糖。其他很多激素则有升高血糖的作用，其中以肾上腺素作用较为迅速而明显。胰岛素促进肝和肌肉将葡萄糖合成糖原，促进糖的有氧氧化，促进糖转变为脂肪，抑制糖异生和肝糖原分解，故可以降低血糖。肾上腺素促进肝糖原分解，促进肌糖原酵解，促进糖异生，从而升高血糖。

【器材】

2.0ml 注射器，卡介苗注射器，离心机，台秤 1 台，722 分光光度计，微量加样器。

【试剂】

1．草酸钠溶液（血液抗凝剂）。

2．胰岛素注射液 家兔注射量 2U/kg 体重。市售的胰岛素 1ml 含 40U，所以，1∶40 = X∶2，X = 0.05ml，根据家兔体重用卡介苗注射器吸取胰岛素，加注射用水至 1 ml 混合。

3．肾上腺素注射液 家兔注射量 0.5mg/kg 体重。

4．二甲苯。

【操作步骤】

每 8 人为一组，每一组再分成甲、乙两个小组，每个小组取家兔一只，如下操作：

1．称重 称量预先饥饿一昼夜的家兔的体重。

2．备管 取两支干燥小试管用草酸钠清洗，由值日生收集，到准备组换采血试管，以备取血用。

3．取血 剪去兔耳的毛，用二甲苯棉球擦耳缘静脉近心端处，待血管充血后，用刀片划破，让血液自然的滴入干燥的小试管中，收集血液 1 ~ 2ml。取血后用干棉球压迫止血。

4．给药 取血后立即在皮下注射激素（甲组胰岛素：2U/kg，乙组肾上腺素：0.5mg/kg）并记录时间。

5．30min 后去掉压迫血管的干棉球，用二甲苯擦划破的血管，让血液流出，如果血液不出来，再重新切血管，取血，离心，测给药后的血糖值。

6．离心 将取好的血以 4000r/min 离心 5min，取上清液（血清）。

7．测血糖 测给药前后的血糖值。

8．根据甲乙两组的数据观察激素对血糖浓度的影响。

【结果分析及结论】

样本	胰前	胰后	肾前	肾后
血糖浓度（mmol/L）				

实训七　肝中酮体生成作用

【实训目的】

1、了解组织匀浆的制备方法。

2、证明酮体生成是肝特有的功能。

【实训原理】

本实验用丁酸作为底物，与新鲜肝匀浆一起保温，利用肝组织中合成酮体的全套酶系，催化丁酸合成酮体，根据酮体中的乙酰乙酸与丙酮可与含有亚硝基铁氰化钠的显色粉作用，生成紫红色化合物的反应鉴定酮体的存在。而经同样处理的肌匀浆，则不产生酮体，与显色粉作用无颜色出现。

【试剂】

1．生理盐水。

2．洛克（Locke）溶液：氯化钠 9g、氯化钾 0.42g、氯化钙 0.24g、碳酸氢钠 0.2g、葡萄糖 1g，将上列各试剂放入烧杯中，加蒸馏水 1000ml，溶解后混匀，置冰箱中保存备用。

3．0.5mol/L 丁酸溶液：取 44.0g 正丁酸溶于 0.1mol/L 氢氧化钠溶液中，溶解后用 0.1mol/L 氢氧化钠稀释至 1000ml。

4．0.1mol/L 磷酸盐缓冲液（pH 值 7.6）：量取 $Na_2HPO_4 \cdot 12H_2O$ 868.0ml（称取 $Na_2HPO_4 \cdot 12H_2O$ 23.86g/L）和 NaH_2PO_4 132.0ml（称取 NaH_2PO_4 10.4g/L）精确测定 pH 值。

5．15% 三氯醋酸溶液。

6．显色粉　硝普钠 2g，无水碳酸钠 30g，硫酸铵 50g，混合后研碎。

【操作】

1．肝匀浆和肌匀浆的制备　取猪肝和肌组织 2g 分别放入研钵中，加入生理盐水（按重量：体积 = 1：3），研磨成浆。

2．取试管 4 支，编号后按下表加入各种试剂。

试剂（滴）	1	2	3	4
洛克溶液	20	20	20	20
0.5mol/L 丁酸溶液	20	—	20	20
0.1mol/L 磷酸盐缓冲液	20	20	20	20
肝匀浆	20	20	—	—
肌匀浆	—	—	—	20
蒸馏水	—	20	20	—

3．将上列 4 支试管摇匀后，放置于 37℃恒温水浴中保温。

4．30 ~ 40min 后，取出各管各加入 15% 三氯乙酸 20 滴，混匀，离心 2min（2000 转 / 分）。

5．另取 4 支试管编号，从上述 4 支试管中各取出离心液 1ml 左右相对应的倒入试管中，然后向这 4 支试管中各加入显色粉约 0.1g 左右，观察并记录每管所产生的颜色反应。

【结果分析及结论】

1．观察并记录每管所产生的颜色反应，并说明原因。
2．何谓酮体？酮体在何处生成？何处利用？为什么？

实训八　尿中酮体定性试验

【实训目的】

掌握尿中酮体的检查方法及临床意义。

【实训原理】

尿中丙酮和乙酰乙酸与亚硝基铁氰化钠作用，有冰乙酸存在时生成紫红色化合物。颜色越深，表明酮体越多。

【试剂】

1．冰醋酸

2．酮体粉

【操作】

1．取试管 2 支，编号。依次加入下列试剂。

管号	尿样（一）	尿样（二）	冰乙酸	酮体粉
1	2ml		10 滴	少许
2	—	2ml	10 滴	少许

2．充分混匀后，斜执试管，用滴管沿管壁慢慢加入浓氨水约 1ml 使盖于尿面。

3．静置 5 ~ 10min，观察两液接触处的颜色变化。

正常人尿中含酮体量极微，一般试验皆为阴性。糖尿患者，由于糖代谢异常，机体大量动用存脂，造成酮体生成过多。如超过肝外组织所能利用的限度，血中酮体即增高，称为酮血症。如有大量的酮体尿排出，则称为酮尿。β- 羟丁酸和乙酰乙酸都是酸性物质，其增高常导致酸中毒，称为酮症酸中毒。检查尿中酮体是诊断酮症中毒的重要方法。严重的妊娠呕吐、饥饿，也可出现酮尿。

【结果分析及结论】

1．试管 1 和试管 2 的结果有何不同？试比较并说明原因。

2．尿酮体检查有何临床意义？何为酮症酸中毒？

实训九　转氨基作用

【实训目的】

通过实训比较 ALT（GPT）在不同组织中活性的大小。

【实训原理】

丙氨酸与α- 酮戊二酸在 pH 值 7.4 时，经 ALT 催化进行转氨基作用生成丙酮酸和谷氨酸。丙酮酸与 2，4- 二硝基苯肼作用，生成棕红色丙酮酸 2，4- 二硝基苯腙，用颜色深浅表示酶活性大小。本实验以肝和肌肉组织进行比较。

【试剂】

1．0.1mol/L 磷酸盐缓冲液（pH 值 7.4）：精确量取 0.1mol/L　$Na_2HPO_4 \cdot 12H_2O$　808.0ml（称取 $Na_2HPO_4 \cdot 12H_2O$　35.8g/L）和量取 0.1mol/L KH_2PO_4 192.0ml（称取 KH_2PO_4　13.60g/L）混匀即成。

2．ALT 基质液：称取 DL- 丙氨酸 1.79g，α- 酮戊二酸 29.2mg 于烧瓶中，加 0.1mol/L pH 值 7.4 磷酸盐缓冲液 80ml，煮沸溶解后待冷，用 1mol/L NaOH 调节 pH 值至 7.4（约加 0.5ml），再用 0.1mol/L 磷酸盐缓冲液稀释到 100ml，混匀加氯仿数滴置冰箱可保存数周。

3．2，4- 二硝基苯肼溶液：2，4- 二硝基苯肼 20mg 用 10mol/L HCl 10ml 溶解后，加蒸馏水 100ml，置于棕色瓶内，冰箱保存。

4．0.4mol/L 氢氧化钠溶液：将 16g 氢氧化钠溶解于水中，并加水至 1000ml。

【器材】

研钵、滴管、试管、试管架、恒温水箱。

【操作】

1．取猪的新鲜肝和肌组织 2g 分别加入研钵中剪碎，加 pH 值 7.4 缓冲液 10ml 左右，即为肝和肌的浸提液。

2．取试管 2 支按下表操作：

管号	ALT 基质液	肝浸液	肌浸液	置 37℃水浴	2，4- 二硝基苯肼	置 37℃水浴	0.4mol/L NaOH
1	15 滴	3 滴	—	20min	10 滴	20min	5ml
2	15 滴	—	3 滴	20min	10 滴	20min	5ml

【结果分析及结论】

1．比较两管颜色，说明哪种组织 ALT 活性高？

2．ALT 升高有何临床意义？

实训十　血清总胆固醇测定（酶法）

【实训目的】

1．了解酶法测定血清胆固醇的原理。

2．掌握酶法测定血清胆固醇的操作技术及临床意义。

【实训原理】

血清中的胆固醇酯可被胆固醇酶（CEH）水解成游离胆固醇和游离脂肪酸，胆固醇在胆固醇氧化酶（COD）的作用下氧化，生成胆烷-4-烯-3-酮及过氧化氢，过氧化氢在4-氨基安替比林（4-AAP）和酚存在时，经过氧化物酶（POD）催化，生成红色醌亚胺（Trinder反应），颜色的深浅与标本中胆固醇含量成正比。反应式如下：

$$\text{胆固醇酯} + H_2O \xrightarrow{CEH} \text{胆固醇} + \text{游离脂肪酸}$$

$$\text{胆固醇} + O_2 \xrightarrow{COD} \Delta^4\text{-胆甾烯酮} + H_2O_2$$

$$2H_2O_2 + 4\text{-AAP} + \text{酚} \xrightarrow{POD} \text{醌亚胺（红色化合物）} + 4H_2O$$

【试剂】

市售胆固醇测定试剂盒。

【器材】

分光光度计或半自动生化仪、恒温水浴箱、试管、试管架、刻度吸管。

【操作】

1．取试管3支，编号。按下表操作。

加入物（ml）	测定管	标准管	空白管
待测血清	0.02	—	—
参考血清	—	0.02	—
蒸馏水	—	—	0.02
酶应用液	2.00	2.00	2.00

混匀，置37℃水浴保温15min，用分光光度计，波长510nm，以空白管调零，测定各管吸光度，按参考血清为标准计算结果。

2．计算

$$\text{血清总胆固醇（mmol/L）} = \frac{\text{定管吸光度}}{\text{准管吸光度}} \times \text{参考血清胆固醇浓度（mmol/L）}$$

【实训提示】

1．比色后尽快清洗试管和比色杯，防止染料沉积污染，影响以后的测定。

2．样品中总胆固醇浓度大于 13mmol/L 时，可用生理盐水稀释后再重新测定，结果乘以稀释倍数。

【结果分析及结论】

1．维生素 C、谷胱甘肽等还原性物质对本实验会引起正偏差还是负偏差?

2．若胆固醇酯水解不完全，会造成测定结果偏低还是偏高?